AF138696

Philipp Anton Mende wurde 1983 geboren. Er studierte Germanistik, Geschichte und Philosophie in Erlangen und ist seither als Lehrer, Lektor und unabhängiger Schriftsteller tätig.

Weitere Bücher von ihm sind »Die Nihilismus-Party. Eine Achterbahnfahrt im Licht des Nichts« sowie »Geschosse wider den Einheitsbrei. Politisch unkorrekte Gedanken zur Hirnwäsche weiter Teile einer Nation«.

Er lebt und arbeitet in Peking.

Philipp Anton Mende

Lyrik über alles und nichts
Gedichte zwischen 1997 und 2013

Bibliografische Information der Deutschen Nationalbibliothek:
Die Deutsche Nationalbibliothek verzeichnet diese Publikation
in der Deutschen Nationalbibliografie; detaillierte bibliografische
Daten sind im Internet über http://dnb.de abrufbar

Herstellung und Verlag:
BoD – Books on Demand, Norderstedt

ISBN: 978-3-7347-3403-8

www.philippantonmende.com

Inhalt

»So fahret fort zu dichten

Euch nach der Welt zu richten

Bedenkt in Wohl und Weh

Dies gold'ne A-B-C«

(Johann Wolfgang von Goethe)

Für meine Familie

Der Sog der Wege

Nachts liege ich im Bett und stehe vor gekreuzten Wegen
Der eine winkt adrett, der andre sitzt sehr tief entlegen
Sie lassen mich nicht wählen, stets zieht ihr starker Sog
Und ich hab' mich zu quälen, wenn zweiterer stärker zog

Der Erste ist so neu, so angenehm und hoffnungsvoll
Anfangs noch etwas scheu, doch mittlerweile Dur statt Moll
Er führt mich in die Wärme und zeigt den Traum der Hedonisten
In ihm leuchten die Sterne, die Fleisch und Geist so lang vermissten

Der zweite Weg führt in die Tiefe, an die Grenzen meines Geistes
In solch Gefilden fließt es, hier donnert, schlägt und beißt es
Es sind Szenarien und Gedanken, die an mir zehren, mich zerschlagen
Die zwischen Tod und Nihil schwanken, und über Sinn des Ganzen klagen

Der Erste spendet Kraft und Mut, zum Leben dient er als Ansporn
Er dämmt die Last der Kältebrut und ohne ihn ward ich verlor'n
Er befruchtet Tag und Nacht hinweg, er rettet, schützt und heilt
So enorm ist seines Prunks Gedeck, wenn er in mir verweilt

Der Zweite beugt und spaltet mich, als wär's das Leichteste der Welt
Sowie der Wolf ins Lamme schlich, so ward das Lamm sehr schlimm entstellt
Trotz Unschuld gleicht er einer Strafe, in Form des Wolfes wütet sie
Ich bin mental vollkommen Sklave, ihm ausgeliefert wie Schlachtvieh

Der Erste ist, wenn er besteht, von hoher Dominanz
Und die List, die um ihn weht, mutiert zum Mannesglanz
Er lacht, er lebt, und er genießt, wie sinnvoll Existenz erscheint
Die Pracht, die schwebt und wie sie fließt, und kein Glück der Welt verneint

Der Zweite mürbt, doch glaubt zu retten, als sei er mir geborgen
Doch wenn er stirbt, lieg' ich in Ketten, und bin zum Teil gestorben
Er tobt, er fleht und er beweint, wie sinnlos Existenz verliert
Der Sog, der weht und ihn vereint, und jeden Sinn der Welt negiert

Sie steh'n für sich, sind monogam, und dulden kein Erbarmen
Sie kämpfen nicht, sind nicht infam, und lassen mich nicht warnen
Zwischen den beiden herrscht kein Krieg, nur einer ist präsent
Freud und Leid, es ist ihr Sieg, ich seh' sie als Geschenk

Nachts liege ich im Bett und stehe vor gekreuzten Wegen
Der eine winkt adrett, der andre sitzt sehr tief entlegen
Sie lassen mich nicht wählen, auf dass je keiner lügt!
Und ich hab' mich zu quälen, falls einer mich betrügt

Augen nach innen

Langweilig, erdrückend, im Bette gelegen
Kreist mir der Wahnsinn, der
Schwitzig und fiebrig über mir schwebend
Der Wut nicht entrinnt, den Hass nicht eindämmt
– Der Ablauf verrinnt, der Fluchtweg verengt!

Brodelnd, gespalten, im Bette erhoben
Pocht mir Hirnmasse, die
Feurig und eisig während des Tobens
Die Decke einhämmert, doch leben lässt
Den Unsinn verlängert – als Stück eines Rests

Rasend, verloren, vom Bette gesprungen
Vernichtet das Wissen, das
Grausam und wehrlos – vom Dasein gezwungen –
Die Leere als Spaß, das Ringen für nichts
Zu kurz ist das Maß, an dem es zerbricht

Senkrecht und blind, im Bette nun stehend
Erstarrt durch mein Schicksal, das
Unnötig flehend… wie ich wird vergehen
Als zeitloses Unheil in jenem Moment
Löst sich der Schutzkeil – mein totes Geschenk

Erschöpft, eingesunken, im Bette gelegen
Verzieht sich der Wahnsinn, der
Wie eine Droge gleich einem Nachbeben
Nur das Gefühl des Entzugs mit sich bringt
Danach – unterkühlt – Selbstbetrug dich bestimmt

Der Wille zur Stille

Unter den Dingen

Wenn sich die Welt vor Hast zerrennt
Kein Ruhen und kein Rasten kennt
So frage ich mich tief in mir
Mein Dasein fristen, aber hier?

Siege sind denen, die täglich sich hetzen
Gewiss, doch ist's die Ruhe, die sie verletzen
Ich betrachte solch Treiben, möchte nicht bleiben
Verachte Getue und wünsche uns Ruhe

Ein Quäntchen Vernunft – vergeblich gesucht
Die Hektik, der Stress – wir sind ausgebucht
Liegt nur in der Eile die Kraft deutschen Seins?
Oft ist dem der Fall, so lasst mich allein

Über den Dingen

Ich klinke mich aus und laufe sehr viel
Zu Seen und Wiesen – dem kostbaren Ziel
Ein Plätschern, ein Wehen, ein Singen und Rauschen
Die Einsamkeit ist es, sie lässt mich ihr lauschen

Der Duft der Gezeiten im Mantel der Erde
Fernab von Dummheit, von Menschen, der Herde
Im Antlitz der Sonne summt Geist in der Tiefe
Die Blätter der Welt sind Ausdruck, sind Briefe

Das Wasser wie Tinte, die Venen der Welt
Ehrfürchtiges Schweigen – ja, es erhellt!
Ein Wunsch für die Zukunft bleibt Utopie
Ich träume ihn manchmal, zu viele tun's nie

Diabolo im System

Der Gipfel wurde erreicht
Fataler nicht mehr möglich
Im Wipfel ward Gekreisch
Verzicht der neue König
Neue Wege, gerne auch schlechter
Die Hauptsache einig
Der Wechsel des Pächters
Vom Gipfel geschrien
Und doch aus der Tiefe
Verlor sich die Kraft
Der einstigen Psyche
Im Tal der Komplexe
Regieren Sadisten
Die hässlich und feige
Gleich dem Klischee einer Hexe
Durch und durch eitel
Sich selbst überlisten
Dem Gipfel oblag die Macht
Viel zu lange Zeit
So dass jetzt, wo's geschafft
Er nicht einmal bereut
Wie teuflisch er sich gab
Um Ängste zu erzwingen
Verdient hätt' er den Sarg
Doch keiner kann entrinnen

Hier

Wenn Winde verwehen und Flüsse zerfließen
Mehr Kriege entstehen, um Blut zu vergießen
Wenn Gelder verseuchen und Freunde vernichten
Wir Halbgötter bräuchten, um Schrecken zu schlichten

Wenn Farben verblassen, Gier und Neid schunkeln
Völker sich hassen, um Licht zu verdunkeln
Wenn Werte verhallen und wie Dreck stinken
Jahre entfallen, um ins Nichts zu versinken

Wenn wir uns bewimmern, doch maßlos fressen
Wir uns erinnern, um zu vergessen
Wenn Sterne verglühen und Milchstraßen sterben
Wir uns bemühen, Zorn zu vererben

Wenn Stämme verhungern und Kinder verenden
Wir unseren Kummer als solchen erdenken
Wenn Bündnisse scheitern und wir uns verraten
Wir Fehden erweitern, um sie zu beklagen

Wenn wir Stärke heucheln, wo keine ist
Gefühle ermeucheln, bis stets wer zerbricht
Wenn Religionen verdammen und Freuden verwehren
Sie Menschen entflammen und Fremdes entehren

Wenn Kirchen verschlafen und geistig verstauben
Sie sich versklaven und des Ursprungs berauben
Wenn Richter es pflegen, sich zu vermessen
Sich des Vorteiles wegen Leute erpressen

Wenn die Sonne verwischt und man kapiert
Dass unsere Ära erlischt und jeder krepiert
Wenn all das geschieht und die Zeit uns verrinnt
Man sich niederkniet und zu flehen beginnt

So wissen wir dann – all das sind wir
Die Liste ist lang… und alles ist hier

Entwicklung der Allheit

Vom Jäger zum Gejagten
Heißt Widerruf und Wunsch zugleich
Vom Frischen zum Betagten
Transformiert sich Härte weich

Die Fülle des Hellen
Versinkt im Augenwatt
Freudlos am Grellen
Bedingt durchs Katarakt

Nicht mehr allzu bunt
Leuchtet fern erlebte Schmach
Die Sehnsucht nach Verbot'nem und
Das Laster verkommen jetzt zum Wunsch danach

Nach dem Leben Strebende
Vermissen seine Pracht
Nach dem Streben Lebende
Vermissen ihre Macht

Vom Schützling zum Befragten
Mutiert die Empirie
Vom Toten zum Beklagten
Das Spiel ändert sich nie

Das Gesetz der Allheit
Kennt Paragraphen nicht
Das mit einer Heiterkeit
Nicht hält, was es verspricht

Man blickt in die Gesichter
Und zählt all jene Falten
Gelöscht werden die Lichter
Kinder, die veralten

Versteinert vom Ablauf
Sage ich euch nun
Wir nehmen ihn in Kauf
Auf dass wir ewig ruhen

Hyänen der Neuzeit

Vermag wer sie zu zähmen, wenn sie in Schamvereinen
Den Rest des Volks verneinen und nur sich selbst erwähnen?
Ihr Tanz mit Eingeweiden, um vor Gier zu sabbern
Während Geier flattern, entfesselt fremde Leiden

Welches Recht besteht, dass ihr leerer Geist
Wahrhaftig sehr dreist den Leistungswert verdreht?
Die Welt ist ihr Besitz, verdient haben sie nichts –
Vom Druck ihres Gewichts vergeht dem Spaß der Witz

Sie erkaufen ihre Freiheit, schalten die Gesetze
Ergattern ferner Schätze und stehlen sich Mitleid
Was wiederum bewirkt, die Opfer auszublenden
Ohne nachzudenken, was Sein und Schein verdirbt

Modern heißt sowas heute, man sieht es als gegeben
Belohnt wird falsches Streben, bestraft der Rest der Meute
Gekoppelt ist ihr Hunger nach Macht und noch mehr Ruhm
Mit unserem Zutun, mit unbekanntem Kummer

Albern die Berufung, die stinkt, die saugt, die staucht
Die niemand jemals braucht, doch lange nicht verstummt
Vermag wer sie zu zähmen, wenn sie auf schnellen Beinen
Auf sind ohne Leinen... und jede Ethik lähmen?

Innerer Bruch

Aus dem Hinterhalt dringt stechend stark
Ganz unvermittelt Schmerz herein
Zusammenzuckend' Rückenmark
Holt mich sogleich noch von den Beinen

Am Boden kriechend frag ich mich
Was ist so feig' und streckt mich nieder?
Kein Leid, das langsam sich anschlich
Es sticht fortdauernd, immer wieder

Ich greife nach hinten zu ertasten
Was dort steckt, doch spüre nichts
Nur fühlt sich's an wie Tonnenlasten
Als ob das ganze Kreuz zerbricht

Die Marter weiß sich zu entfalten
Kann weder sitzen, liegen, stehen
Doch stur werd' ich die Kraft behalten
Nicht lauthals kreischend durchzudrehen

So schüttelt sich mir ganz allein
Das Haupt vor Qual gar fürchterlich
Zwar sticht kein Dolch in mich hinein
Doch schlimmer wär's ganz sicher nicht

„Was mach' ich nur?" – das, was ich denke
Ich muss mich retten, doch nur wie?
So robbe ich nun ohne Hände
Und schwitze dennoch wie noch nie

Ich muss mich retten vor den Schergen
Und zieh mich in die Nacht hinaus
Irgendwann, wenn sie mich bergen
Vergehe ich in Saus und Braus

Nicht lange dauert's, schon steht fest
Ich komm' nicht weiter, bin am Ende
Was bleibt von mir, ein kleiner Rest
Gesichtskonturen sprechen Bände

Welch seltsam Landschaft rings um mich
Ich ahne nichts von meiner Reise
Die neue Heimat wirkt unecht
Der Atem stockt, wird schwach und leise

So ist der Übergang dann doch vollbracht
Mein Griff wird locker, unverkrampft
Es geschah in der Dezembernacht
Als ich ward sinnlos zerstampft

Umtrunk

Allmählich werd ich nüchtern, bin absolut klitschnass
Und vorher niemals schüchtern, nie sonst ist es so krass
Wir trinken und wir feiern, die Schmach, die wir vergessen
Wir kübeln und wir reihern, am Alkohol vermessen

Die einzig wahre Möglichkeit, Geister abzudrängen
Feucht fröhlich trinken wir gescheit – abartige Mengen
So schließ' ich mit den Worten: Quält euch nicht zu lange
Es gibt viele flüss'ge Sorten – danach ist euch nie bange

Sommer 2005

Ich heuchle jedes Glück
Ich spiele nur die Freude
Ich mach' mir etwas vor
Ich bin der Trägheit Beute

Ich finde nichts als Schmerz
Ich suche nach dem Sinn
Ich kann nicht existieren
Ich scheine, was ich bin

Ich lüge Menschen an
Ich tu's aus Rücksichtnahme
Ich geh' alleine unter
Ich bin Schach ohne Dame

Ich zeuge von Verfall
Ich habe mich verloren
Ich red' mir Rettung ein
Ich bin umsonst geboren

Ich will aus mir heraus
Ich will ein neues Ich
Ich möchte glücklich sein
Ich schaff' es einfach nicht

Ich therapier' mich selbst
Ich sitze hier und schreibe
Ich zweifle an der Zukunft
Ich bin wie nasse Kreide

Ich hätte Fähigkeiten
Ich hätte Potenzial
Ich bin kein Rebell aus Mode
Ich bin kein Mann aus Stahl

Ich geh' langsam kaputt
Ich bin der Altruist
Ich krieg' nicht, was ich will
Ich verlor längst meine List

Ich bin zu sehr fixiert
Ich kann nur nichts dafür
Ich wiederhole alles
Ich weiß um dies' Geschwür

Ich kämpfe für die Chance
Ich bekomme nur nie eine
Ich bin die Regenwolke
Ich gehe an der Leine

Ich fühl' mich unerwünscht
Ich komme, um zu gehen
Ich werde nur verletzt
Ich kann es nicht verstehen

Ich sage, was ich denke
Ich werd' dafür bestraft
Ich bin verheerend ehrlich
Ich habe mich versklavt

Ich bin sehr oft betrunken
Ich verstehe auch wieso
Ich ertrink' in Nüchternheit
Ich verbrenne leicht wie Stroh

Ich denke voller Angst
Ich denke voller Sorgen
Ich fürchte mich davor
Ich fürchte mich vor morgen

Ich wünsch' mir nur ganz wenig
Ich möchte gar nicht viel
Ich will nur nicht verkümmern
Ich bin Blume ohne Stiel

Ich muss in mir verharren
Ich muss den Trip bestehen
Ich kann nichts tun als hoffen
Ich kann nichts tun als flehen

Ich quäl' mich in Gedanken
Ich verdräng' Erinnerungen
Ich möchte nicht verlieren
Ich möchte nicht verstummen

Ich bin die gute Mine
Ich grins' zum Trauerspiel
Ich bin vollkommen haltlos
Ich wünsch' mir nur ein Ziel

Ich vermisse jenen Part
Ich weine jede Nacht
Ich vermiss' mein früh'res Leben
Ich vermisse seine Pracht

Ich war nicht immer so
Ich brauch' die Wiederkehr
Ich liebe sie unendlich
Ich vermisse sie so sehr

Manifestationen femininer Pubertät

Man wurde entzaubert
Man wurde misshandelt
Oh wie es ihm schaudert
Ideale verschandelt

Ergebenheit missbraucht
Das mit falschem Schwur
Von Dominanz geschlaucht
Leider der Mensch Natur

Als Diener war man gut
Man tat es ja aus Liebe
Doch es war nicht genug
Was lag in seiner Wiege

Man hatte solche Angst
Dem war man sich bewusst
Nur noch hat er gebangt
Dies wurde ausgenutzt

Man spielte mit dem Feuer
Jetzt zahlt er seinen Preis
Doch dieser ist zu teuer
Preisfeuer viel zu heiß

Wie sehr wurd' er belogen
Verliert nun seinen Weg
Er ertrinkt in hohen Wogen
Und findet keinen Steg

Er stirbt die tausend Tode
Unwichtige Momente
Für ihre kalte Quote
Nur wenige Prozente

Der Geist

Ich bin der Geist, der durch die Straßen zieht
Der nicht weiß, wohin er flieht
Ich halte keinen Schlaf – es besteht kein Bedarf
Ich bin der Geist, der in den Lüften liegt

Gestorben ist meine Eile schon lange
Verdorben bin ich – wozu ist mir bange?
Ich leide an den Leiden, die Zwiespälte bereiten
Ohne mich zu streiten, klemmt an mir die Zange

Ein Geist wird übersehen – und dennoch ist er da
Und wie die Lüfte wehen, so laufe ich Gefahr
Vom Leben abzutreiben – ohne zu entscheiden
Wie ich einstmals war

Man möge mich zum Menschen machen
Und niemals über Geister lachen
Denn beides ist man leid – die Schmach ist dann geteilt
Wenn wir übers Dasein wachen

Immer wenn ich sterbe, werde ich zum Geist
Ich will nicht dieses Erbe, das stetig um mich kreist
So überlasse mich der Frau, die absolut genau
Die Zwiespälte verschleißt

Kopfreise

Drastisch und verschwommen
Hastig und beklommen
Verschwitzt und doch besonnen
Erhitzt und wie benommen
Gewonnen und zerronnen
Ein Wirrwarr schwer wie Tonnen

Verzweifelt und gespalten
Gestreichelt und verhalten
Verkalkend Geistgewalten
Die Lebensglück verwalten
Neuronensorgenfalten
Die diesen Text gestalten

Wahnsinnig und verrückt
Sehr innig und entzückt
Natürlich und beglückt
Bedrückt und fast erstickt
Ernsthaftigkeit entrückt
Und Werte ausgeschmückt

Verdorben und sozial
Gestorben und global
Verheerend wie banal
Bekehrend und fatal
Der Tod lässt keine Wahl
Pro Tag zum x-ten Mal

Vernichtend und zerschlagend
Berichtend und erhaben
Besuchend und beladen
Verfluchend und verzagend
Die Aussichten beklagend
Die Hoffnung längst begraben

Genießend und beflissen
Fließendes Gewissen
Verschlissen unverschlissen
Wissendes verwischend
Der Ratio nicht entrissen
Den Sinn am Sein vermissend

Camus

Sinnlos ist unser Dasein
Des Wandelns hier auf Erden
So kriechen wir auf Beinen
Auf dass wir stetig sterben

Der Tod – so Epikur
Sei ein Problemfall nicht
Doch ist allein er nur
Der hält, was er verspricht

Zeit Lebens bleibt das Schicksal
Des Ausblicks ins Gewisse
Ein wahres Jammertal
Für Geistgewissensbisse

Einer beschrieb exakt
Den Laufstil jenes Hasen
Das Absurde steht uns nackt
Bevor in allen Maßen

Jeden Tag – so wusste er
Wagen wir den Schritt
Das Absurde zu verehren
Das unsren Sinn vertritt

Von Bedeutung ist letztendlich
Nur eine einz'ge Frage
Völlig unbedenklich
Tritt sie stets zu Tage

Wählen wir den Trieb
Zum Verfall nach der Geburt
Oder den Suizid
Beides ist absurd

Er öffnet euch die Augen
Lest ihn und versteht
Vielleicht werdet ihr's nicht glauben
Wie nüchtern ihr verweht

Alle sind wir Sisyphos
Solch Zwang zwingt uns zum Glück
Der Text bohrt sich wie ein Geschoss
In euch und er zerdrückt
Manch Glauben an Hoffnungsdoktrinen
Die Kirchensekten in Träumen erschienen

Von fern ein Licht

In aller höchster Not strahlte fern ein Licht
War es ein Gebot, dem Gerechtigkeit entspricht?
Es flüsterte mir Dinge, die ich so oft träumte
Entfernte meine Schlinge, die meinen Mund beschäumte

Die Monate des Leidens verlieren an Substanz
Das Ende meines Schweigens führt zu einem Tanz
Den ich nicht mehr getanzt seit ewig vielen Nächten
War vor der Welt verschanzt, umgarnt von allem Schlechten

Man dichtete mir an, ich wäre krank, besessen
War dabei nur ein Mann, von Kummer ganz zerfressen
Einst pfiff man auf mein Flehen, der Höllengang entstand
Ihn abermals zu gehen – als ein gebroch'ner Mann

Und nun dies seltsam' Licht, das mich leise weckt
Es scheint nicht, dass es bricht, es hielt sich nur versteckt
Ein Leben lang vor mir, macht das alles Sinn?
Auf einmal ist es hier… der Hoffnung Neubeginn

Mehr als tausend Mal träumte ich den Traum
Dass Liebe ohne Qual durchstrahle Zeit und Raum
Ich würd' ihn so gern leben, ein Leben lang zu zweit
In gemeinschaftlichem Streben, und ohne jeden Streit

In meinen dunklen Schleier der absoluten Kälte
Verursacht durch die Leier der widerlichsten Schelte
Bahnte sich dies Licht und trocknete die Tränen
Schrieb mir ein Gedicht und entklebte meine Strähnen

Die Revolution der Freiheit

Einst standen anmutig und biegsam fein
Blümchen auf der Wiese klein
Flogen umher, vom Wind besungen
Doch ohne Angst, da fest umschlungen
Entsprungen ihrem Basiskeim

Die Pflänzchen war'n so herrschaftsgeil
Permanent am Umverteil'n
Und hatten doch tiefer gelegen
Den schmutzig-unsichtbaren Grund des Lebens
Vergebens dessen Grund beflehend

So fragten sich die Blümchen bald
„Wo wurzelt uns're Traumgestalt?
Wir sonnen uns, genießen Ruhm
Müssen quasi nichts für tun –
Nun werden wir mit Anseh'n alt"

Die Blümchen verlor'n sehr schnell die Lust
Denn nachzudenken führt zu Frust
So vergaß man unter anderem mitunter
Dass tief, nämlich die Schicht darunter
Stets munter für sie buckeln muss

Die Schicht darunter dachte sich
„Das Dasein ist so jämmerlich
Um den Dreck um uns zu mieten
Hat man sich ihnen anzubieten –
Gerecht ist das beileibe nicht"

So war das Schicksal dieser Beiden:
Die Blümchen froh und unbescheiden
Die Mehrheit unten zwangsversklavt
Und im System gewollter Schmach
Stach die Bürde, mehr zu leiden

Verblüfft war mancher insgeheim
„Solch Schweinerei kann wirklich sein?"
Sowie Protest nach oben drang
Herrschte der Fall, dass er verklang
Die Minderheit wahrte die Pein

Das Blümchen edel und verlogen
Hatte den freien Willen längst verboten
Es sonnte sich auf breiten Wiesen
Ließ sich durch nichts den Tag vermiesen
Verließ die Wellen, die da tobten

So folgte auf die große Frage
Wann es die Sklavenschicht denn wage
Sich ihrer Macht nur zu besinnen
Selbst ihr Schicksal zu bestimmen
Binnen kurzer Zeit die letzte Klage

Den Weg nach oben sich gebahnt
Und die Blümchen scharf ermahnt:
„Nicht Sklaven sind wir, nicht verrückt
Wir sind die Wurzeln eures Glücks!
Bedrückt uns nicht mit eurem Wahn!"

Die Blümchen jedoch ach so fein
Wollten nicht Teil der Freiheit sein
„Determiniert sei man", sprach man
„Ihr seid verdammt und wir der Chef"
Krank wusch man sein Gewissen rein

Der Krieg ward so vorprogrammiert
Durch Unrecht wohl legitimiert
Es hatte den Nieder'n nun alles bedeutet – und –
Den Anfang des Umsturzes eingeläutet
Nie wären sie sonst rehabilitiert

Man besann sich erstmals der eigenen Kraft
Und darauf, wie man Despoten abschafft
„Für sie waren wir nur stets feige und dumm
Doch lag Macht stets im Individuum" –
Bald nicht mehr verstummt und nicht mehr verlacht

Ja! Nicht mehr verstummt und nicht mehr verlacht
Waren die Wurzeln – bereit, dass es kracht
Sie begannen gemeinsam, den Dreck aufzuwühlen
Um endlich Licht und Leben zu fühlen
Verließen sie jetzt die finstere Nacht

Als Einheit beschloss man, nach oben zu bohren
Der Donner ihrer Herzen betäubte alle Ohren
Gewalt war nötig, doch aufgezwungen
Und nur für das Ziel der Luft für die Lungen
Waren die Blümchen endgültig verloren

Zu lang hatten sie ihr Rückgrat betrogen
Und wurden dafür nach unten gezogen
So glichen sie Beute hungriger Haie
Auf dass die Freiheit der Haie gedeihe
So die Bilanz, doch nur im Groben

Solch Bilder von Blümchen sah man allerorts
Es endete so der Gerechtigkeitsmord
Die Wurzeln schließlich als Motoren des Ruhms
Belohnten sich selbst für die Zeit ihres Tuns
Jeder für sich, die Sklaverei hinfort

Eine neue Zeit wurde eingeläutet
Nichts und niemand mehr ausgebeutet
Am Ende ward nun zwar die Herrschaft der Pflanzen
Ersetzt durch die Freiheit, freiwillig zu tanzen
Hört genau zu, was konkret dies bedeutet:

Gemeinsam hatte man nun nur flüchtig verweilt
Die Freiheit des Tuns, die Freiheit geheilt
Im Bewusstsein der Blümchen – ganz ungelogen
Hatte sich endlich ein Wandel vollzogen
Lehre und Einsicht brachten sie weit

Die Umkehr der Wurzeln ermöglichte es
Nicht eines der Wesen verlor sein Gesicht
Auf dass die Freiheit auch Herrscher belehrte
Und nicht nur die Stärken derer sich leerten
Zu denen durch Zwang der Frust sich hinschlich

Global auf den Wiesen natürliche Ordnung
Genutzt an und für sich, oh Freiwilligkeitsschwung
Gemeinsam nur mit Freiheit verwoben
Wurde die Herrschaft an sich aufgehoben
Gewalt nicht die Regel, sondern verstummt

Eine der Wurzeln, die sich nun sonnte
Fragte ein Blümchen, da sie jetzt konnte:
„Was hältst du – sei ehrlich – von dieser Lage?
Sie ist dir zwar neu, doch ist sie dir Plage?
Vermisst du Befehle, die man zerbombte?"

Das Blümchen entlarvt und sittlich entmeistert
Zeigte sich freudig, doch auch nicht entgeistert
„Ihr habt nicht vernichtet, nur Freiheit genommen
Uns nicht gerichtet, nur Fairness erklommen
Ob ihr wohl nun die Zukunft noch meistert?"

So erkannten die Blümchen zwar in dem Moment
Den Umsturz als nötig – und edles Geschenk
Doch galt es noch weiter, im Kopf sich zu wandeln
Alles in allem freiwillig zu handeln
Ward man zunächst auch noch so gekränkt

So sprachen die Wurzeln beim Blick in die Zukunft:
„Wir brauchen einander, so sei uns Vernunft
Denkt nicht in Sparten, in ‚Ihr' und in ‚Wir'
Wir alle sind Partner, wir alle sind hier
In solch edlem Denken bestünde die Kunst"

Ein Stück Zeitgeschichte

Heimlich stehen des Lebens Leiden
Vor meinen Augen im Messergewand
Bei verebbend Narkose mir aufzuzeigen
Dass vergebliche Hoffnung der Liebe entsprang

Gespalten liegt dem zuckend' Gewissen
Die Sehnsucht nach Vergang'nem zugrunde
Die Aussicht der Zukunft ist nicht verschlissen
Doch verkörpert manchmal das Salz in der Wunde

Zugleich wird das Leben vermisst und geliebt
Niemand und jeder trug dazu bei
Einst ward die Würde von Trauer besiegt
Und brach den Verstand samt Herzen entzwei

Zwar verteidigt mich heute mein Hirn vor Nachwehen
Denn Seelen besitzen Gefühle zur Schmach
So kann es dennoch bis jetzt nicht verstehen
Woran und weshalb die Historie zerbrach

Das Konstrukt des Wenn als Stocken der Freude
Fungiert trotz Kenntnis seiner Verbannung
Auf dass es verschwinde und nie mehr bezeuge
Wie Wut mehr wirkte als die Entspannung

So irrational ist es, wie Wünsche verweilen
Sind sie doch grau, verblasst und verstaubt
Was, wenn Begierden niemals verheilen?
Ward man demnach des Lebens beraubt?

Die Psyche befiehlt und doch ist sie Sklave
Sowie sie erzittert, treibt sie voran
Der Wolf bricht hervor, reißt seelische Schafe
Er schlachtet mein Herz, sein unschuldig's Lamm

So weicht meiner Stimme ein sehnlich' Begehren
Das Nähe sucht, doch Schlachtfelder findet
Mir im Geiste das Chaos zu lehren
Kurzzeitig bedrückt und wieder verschwindet

Niemals mehr

Wenn niemand keinen jemals kennt
Und keiner niemals daran denkt
Wie einer keinen nie mehr lenkt
Und keiner jemals nichts mehr schenkt
Wär' niemals einer je gekränkt?
Dass nie mehr keiner je dran hängt?

Abgehoben

Viele Menschen wissen, dass sie wertlos sind
Sie sind es als Studierte und waren es als Kind
Sie diffamieren Freunde und suchen hohe Klassen
Auf widerliche Weise verkörpern sie die Massen

So vertreten sie ein Dogma – die eig'ne Ignoranz
Verraten ihr Gewissen, sind überall verwanzt
Erheucheln ihre Stellung und lieben sich dabei
Verrühren die Wahrheit stolz zu ekelhaftem Brei

Sie warten auf Momente des Pseudoelitären
Und plappern allzu stolz von scheinbar and'ren Sphären
Sie setzen Ruhige gleich mit nutzlos Meinungslosen
Und halten sich für dreist, für Geistesvirtuosen

Die einstmaligen Partner lassen sie zurück
Und quasseln sich ins Abseits, ganz langsam Stück für Stück
Unzählige Fehler verachten sie bewusst
Sie spiegeln Dummheit wider, dazu noch Neid und Frust

Sie konspirieren heimlich hinter unschuldigen Rücken
Bemerken nicht die Pflöcke der einstürzenden Brücken
So sei ihnen gesagt: Ihr seid nicht, was ihr glaubt
Ihr lebt in einem Schein, in dem euch kaum wer traut

Die Tragik des Rechts

Das Recht, es dient, es straft, es nützt
Wozu die Ethik? Das Recht, es schützt
Der Haken wohl im Sein der Macht
Der Kleine weint, er im Verdacht
Die Masse jauchzt nach jenem Bild
Sie geifert nach dem Recht, dem Schild

Der Kleine nun in seiner Trauer
Die Tränen heiß, um ihn die Mauer
Sein Fleisch ist schwach, sein Geist gar stark
Das Recht, es nützt, zerbrach sein Mark
Es bleibt die Wut, nie mehr zurück
Der Masse Glut, oh welch ein Glück

Nun da die Macht sich nebst dem Recht
So eisern durch die Nächte zecht
Und dabei ihr Gewissen trinkt
Der Kleine gar im Nichts versinkt
Stellt sich die Frage nach dem Sinn
Wo war der Anfang, der Beginn?

Der Grund des Rechts liegt in uns tief
Doch wie so oft ging alles schief
Der Druck in uns, das Recht regiert
Der Mensch an sich, das Nichts, das Tier
Die Regeln, die das Recht bedeckt
Ließ manchen Tod gar ganz versteckt

Der Tag des Hirns, er wird wohl kommen
Das Recht dann in die Hand genommen
Doch oh, was bleibt, es ist der Frust
Die Masse weint, verliert die Lust
Das Hirn als Gegner von der Welt
Die Macht, sie bleibt und sie zerschellt

Wisst ihr, wer eben zu euch sprach?
Ich bin oft weg, des Menschen Schmach
Das Recht, der Krüppel, zu euch weht
Ich bin es, den ihr nicht mehr seht
Die Such' nach mir ist viel zu weit
Ich sprach zu euch: Gerechtigkeit

Einsamer Abgang

Ich liege hier und weine
Wie weggeworfener Sinn
Ich flehe, da ich meine
Es gibt kein' Neubeginn

Ich drehe und ich wende
Mich quälend in dem Bett
Voll Tränen meine Hände
Das kleinste Häufchen Dreck

Ich wandle in dem Raum
Mit Leere als dem Duft
Ich spüre auch noch kaum
Den Mangel an der Luft

Wie soll ich mich beruhigen?
Verbluten wird mein Herz
Unmöglich mich gedulden
Vernichtend ist der Schmerz

In meinem Geiste sticht
Die Panik mir ein Loch
Der Traum, der nun zerbricht
Die Kraft, die sich verkroch

Gerauft sind meine Haare
Sie kleben im Gesicht
Der Alptraum, den ich fahre
Ist meiner Schuld Gericht

Ich seh' so völlig schutzlos
Den Wandel durch die Zeit
Bin dabei nur noch nutzlos
Und sterbe in dem Leid

Heine im Regen

Der Regen peitscht die Seele in sich zurück
Es donnert!
Menschen rennen vorüber und fluchen gebückt
Der Natur Gemüt ist dabei so völlig entzückt
Und nur den Lebenden ein Beispiel
Der Blick gen Himmel ihr Ziel
Ein Schauspiel, wenn der Himmel weint

Die Masse sucht das Trockene für sich
So berechnend!
Nur ein Mann im Regen schreibt dieses Gedicht
Tragisches Wissen fällt ihm ins Gewicht
Er küsst den Anblick der Leere
Er liebt die denkende Schwere
Wischt den Regen nicht weg vom Gesicht

So lasst ihn alleine, lasst ihm die Stille
Nur das!
Er sieht Heinrich Heine, was für ein Wille
So viel mehr als nur die menschliche Hülle
Genialer Mut, oh dieses Wüten
Welch kreatives Wirken
Die Welt braucht solch Wissen, sie braucht solche Fülle

Er spaziert so durch den Tropfenwall
Ich lache!
Ist Leben mehr als nur ein Schall?
Verdreht die Dichtung den Verfall?
Ich weiß es nicht
Doch seh' ein Licht
Die Utopie baut schon den Wall

Kreislauf des Menschen

In der Morgenröte liegt der Duft
Das Leben grüßt und reicht sich dar
Doch ringsherum regiert die Kluft
Ein Mensch, wie er nie war

Werte an sich schon längst am Ende
In seinem Wahn fingiert die Macht
Das Nichts an alle, es rollt behände
Gefühle des Todes, der Reinheit Pracht

Verrottende Gedanken im Kreislauf der Zeit
Der Schmerz der Dummheit, doch ein Ende in Sicht
Töten, Vernichten, zu allem bereit
Die Tragik des Unsren, der Menschheit Bericht

Verurteilt zum Leben, Freispruch zum Tod
Geistiges Beben, der Mensch in der Not
Die Wahrheit entwertet, doch alles im Lot
Die edlen Motive, sie stinken nach Kot

Die Ewigkeit in uns durchstrahlt Flur und Raum
Der Mensch unvergessen, doch wenn auch nur kaum
Des Erinnerns würdig, Gedenken zuwider
Der Vater, die Zukunft – und Götter knien nieder

Schizophren

In uns, um uns und um uns herum
Gegen sie, gegen euch, nehmt's mir nicht krumm
Gegen mich, gegen dich, gegen den Rest
Immer und immer fort, die natürliche Pest

In mir, in dir, die Blindheit der Sicht
In ihm und in ihr, die Nacht und das Licht
Wenn sie und wenn wir, wenn es nur wäre
Mal dies und mal das, sich in uns bekehre

Ich muss, doch ich darf, ich will und ich kann
Die Frage weshalb, wodurch, wo und wann?
Ich rede, ich schweige, doch wann tu ich was?
Ich lache, ich weine, spür' Liebe und Hass

Ich bin so verloren und doch wohl gerettet
Das And're in mir, ich habe gewettet
Dass in mir das Tier verlangt nach der Gier
Ist mehr als der Mensch, das Ding steht vor dir

Ich töte, ich fresse, renne und springe
Die Nöte, die Nässe, die Sonne, ich singe
Sind nichts als nur Worte, mein Geist halogen
Die Welt schüttelt Kopf... er ist schizophren!

Am Richard-Wagner-Platz

Der Himmel grau und
Sehr nahe wirkend
Als betone er die Stimmung des Augenblicks

Die Bänke stehen falsch
Die Schönheit vergangener Bauten im Rücken
Moderne Antikunst und Zwang
Im Sichtfeld

Innen genießen die Horden stickige Luft
Draußen stört sich keiner an der absurden Anordnung

Ich drehe die Bank
Und muss gehen
Weg von hier

Wo ist Wagner?
Er geht mit mir

Der Nerv des Drachens

Wenn der Drache von oben dem Lachen entgegen
Seiner Größe entsprechend und doch nur verlegen
Das Menschlein ermahnt, nicht lang zu verweilen
So weiß jene Kette morscher Skelette
Die Macht ist bezahnt, gleich Dolchen als Hauer
Tod zu verteilen, nächtliche Schauer

So die Ungeheuer sich ihres breiten Feuers zwar
Bereit sind, zu bekennen
Doch das Fleisch naiv und trotz aller Gefahr
In keinem seiner Stämme
Irgendwann beschließt, sich Untertan zu nennen
Erahnt es schon den Krieg, in den es sich begibt

Doch der Krieg von unten ward schon vor dem Start
Verloren und entbunden, denn es kann in der Tat
Das Menschlein nicht beweisen, vernünftig zu agieren
Da hinter seiner Stirn nur ein winz'ges Hirn
Ersucht, sich zu entreißen, gleich Wasser dem Feuer
Es stets zu probieren, oh Ungeheuer!

Und schmettert der Drache auch ewig Feuersbrünste
Hernieder, zu verkohlen
Der Stämme Gunst und Künste
So fragt sich unverhohlen
Ob die Beutezunft nicht wie verlor'ne Fohlen
Gleich ziellosen Herden und ohne Erben –

Verdammt ist, zu sterben

Zwei Kreise

Ein Kreis im Kreis, man sieht ihn nicht
Die beiden Kreise, völlig dicht
Entgleiten ihrer Welt des Runden
Und werden doch als Kreis empfunden

Zwei Kreise, die die Welt erkunden
Steh'n im Zwiespalt zueinander
Der Kleine meint, er sei der Motor
Denn aus dem Inn'ren folgt das Wandern

Doch niemand sieht den kleinen Kreis
Und weiß um seine Fähigkeit
All sein Schweiß und all sein Fleiß
Dienen nichts als seinem Leid

So hebt der Große sich empor
Der kleine Kreise hegt und pflegt
Als Folge seiner edlen Gastfreundschaft
Sei ihm der Kleine auch noch verhasst?

Doch immer werden unentwegt
Die Kreise füreinander stehen
Denn wenn sie ihre Kreise drehen
Wird ihr Schicksal nur belegt

Friedhofsgespräch

Im Antlitz des Todes sagtest du mir einst
Dass niemand in der Zukunft weilt
Der ernsthaft um dich weint   ,

Denn nur das Tal des Besseren sei wahrhaft edles Land
Das nicht dir bestimmet sei
Sondern dich verbannt

Ich fragte dich der Tränen wegen
Was „besser" für dich heiße
Wo sei der Sinn im Sinnesstreben
Und ob es dich zerreiße

Du standest stumm im eis'gen Wind
Am alten Friedhofszaun
Und als der Hoffnung totes Kind galt dir mein Vertrauen

So wanderte gen Totenruhe dein inhaltsleerer Blick
Er streichelte paar Sonnenstrahlen
Und kroch sogleich zurück

Ich bohrte tief, was mit dir sei
Vorsichtig und leise
Dem Schicksal sei es einerlei
Da es um jeden kreise

Dann fuhrst du fort, obgleich die Atmung schwerer fiel
Das Tal enthielte keinen Sinn
So spüre man, sowie's erreicht, rein gar nichts mehr vom Ziel

Verbannt seien jene Menschen, fähig, es zu denken
Die trotz der Unerreichbarkeit
Stetig drauf hinlenken

Zwei Dinge noch, die wollt ich wissen –
Fortwährend schluckend Kehle
Wieso dich unehrlich vermissen
Und weshalb bess're Seele?

Du sprachst und schautest hoch, zum Wipfel eines Baumes
Die Zeit sei ihm grundlegend
Sowie der Fakt des Raumes

So wären's die eins'gen Leben der Toten, die Leid uns offerierten
Die durch Zeit und Raum gediehen
Und Erinnerung kreierten

Es sei der Gedanke, den der Tod uns lässt
Sich ins Tal – unsre Zukunft – stiehlt, unsre Augen benässt
Und damit unser Dasein verlässt

Hier senkte sich dein Blick, als durchpflüge er die Erde
Er grub sich durch Verfall
Gleich einer Schockgebärde

Durch die Evidenz des irdischen Absurden –
Jedes Atems hier auf Erden
Wirkten weitere Geburten
Wie verzweifelte Beschwerden

Ich war zwar stark genug
Noch mehr zu erfahren
Doch wäre es Selbstbetrug
Stets Hoffnung zu bewahren

Schließlich meinte ich zu dir
Was „besser" denn nun heiße –
Sei man etwa nutzlos hier
Auf jede Art und Weise?

Im Antlitz des Todes antwortetest du „Nein"
So dünkt sich's missverstanden
So sei das nicht gemeint

„Besser" sei der Zustand, wenn der Tod den Leib entweiht
Die Lebenden sich quälen
Doch Tote seien schmerzfrei

Wir, die existieren, stünden vor keiner Wahl
Wir zucken, bis wir sterben
Und spür'n so nichts vom Tal

Somit bliebe dies Konstrukt auf ewig unerreicht
Denn sind wir erst dort angekommen
Starb man zuvor dabei

Auch nach dem Treff gefangen
Und keineswegs befreiter
Zogen wir von dannen
Und lebten einfach weiter

Federvieh

Mich deucht's, ich sitz' im Hühnerstall
Sopran ertönt's, oh schriller Schall
Die Angesichter plappernd, kreischend
Von Zeit zu Zeit sich roh ankeifend

Zerfleischend Huhn als Opfertier
Der femininen Redezier
Das Naturelle der Verschwörung
Ist härter als es Gockel tun

Doch nicht nur Hühner zier'n den Saal
Im Gegenteil, die Qual der Wahl
Besteht für mich im Federvieh
Mäulchen wie Flügel eines Kolibris

Blond, gescheckt, brünett und braun
Gierig schnatternd sich anschauend
Verreißt's die Stimmen hier und da
Sie überschlagen sich im Gänsemarsch

Schnatternd wähnen sie sich wohl
Gackernd ratternd, Köpfe hohl
Bemalte Schnäbel, Ententänze
Bizarr dabei die Pferdeschwänze

Oberhennen sind sie alle
Erhaben quakt die Hühnerhalle
Lustig ist: Es sind nur Küken
Die sie geistig in sich brüten

Als stummer Gockel hier inmitten
Für zwei Stunden nicht zu retten
Seh' mich um und grinse breit
Genieße Hühnerheiterkeit

Bei diesen Federträgerinnen
Kommen Partnerschaft und Hass von innen
Sie knuddeln sich mit scharfen Krallen
In aller Welt krähen sie durch Hallen

Zur Mauser gelangt nur manche Henne
Es gibt nur wenig, die ich kenne
So viele Hühner, die verkalken
Doch wer mutiert zum Wanderfalken?

Im Hinterkopf

Warum stetig schreiben?
Ich lass mich einfach treiben
Vom Geiste angespannt
Und dabei überrannt

Es stampft von ganz allein
Auf meinen Schädel ein
Doch leider wohl von Nöten
Um Werte abzutöten

Werte, die keine sind
Und alt wie Gottes Kind
Was wiederum ein Wert
Der Schuld und Leid begehrt

Zu wenig wagen Neues
Der Mensch ist etwas Scheues
Es herrscht die Angst vor Besserem
Lieber gewohnte Wässerchen

Irgendwann wird es sie geben
Die Geistrevolution
Vielleicht liege ich daneben
Doch lebe ich sie schon

Auf diese folgen Taten
Die Umwälzung des Handelns
Schluss mit all dem Warten
Lasst uns die Welt verwandeln

Nutzlos Schlaues

Auch wohl belesene Leute sind selten nur mit Wert
– Eine hohl genesene Meute, doch gilt sie als gelehrt
Sie wissen demnach nur, was jeder lernen kann
Verbissen sind sie stur und schwärmen dann und wann

Sie belügen ihren Geist, belächeln scheinbar Kleine
Betrügen allzu dreist und hecheln wie die Schweine
Sie nennen diesen Akt nun höh're Hirninstanz
Erkennen nicht den Fakt der Kleinen-Dominanz

Sie philosophieren schutzlos, es fehlen die Ideen
Und exponieren nutzlos, verhehlen Nicht-Verstehen
Sie verschandeln ein Prinzip, verstehen Sie, was ich meine?
Sie handeln wie der Dieb und begeh'n das nun Unreine

Nachts daheim

Schielenden Blickes entfernt sich das Blatt
Immer weiter von mir weg
Ich bin zu müde als dass ich schlafen könnte
Und habe es nicht satt zu haben
Buntgemischte Gedanken vor mir fliegen zu sehen

Ein Schrecken fährt durch meinen Körper
Und verschwindet in dessen Beruhigung
Der Striemen des Glasrandes bleibt vorerst an meiner Stirn erkennbar
Doch Schmerzen vergehen wie sie kommen

Etwas Existentes bewegt sich minimal
In diesem wie eingefrorenem Moment
Dieses Etwas benennt sich nach mir
Das diese Szenerie ohne Lebendiges
Grotesk und amüsiert empfindet

Jener Moment besitzt etwas Magisches
Wahrscheinlich nur deswegen, da er so selten besteht
Einige Gedanken beginnen abzustürzen
Schließlich sind alle eingeschläfert worden

An die Eine

Ich knie vor ihr nieder
Vergib mir kleinem Licht
Für sie singe ich Lieder
Für sie ist dies Gedicht

Ich blicke zu ihr auf
Denn sie ist wie ein Stern
Ich weiß, dass wir zuhauf
Auch gerne mal so wären

Sie vermag mich zu retten
Ja, sie kann es schaffen
Zerbrich meine Ketten
Hilf ein Feuer entfachen

Bin süchtig nach der Zukunft
Die ich mit ihr sehe
Es spricht aus mir Vernunft
Wenn ich dafür flehe

Ich liebe jenen Engel
Der es mir verriet
Sie blüht, ich bin der Stängel
Der ihr all das schrieb

Angriff auf das bellende Schaf

Du und dein perverser Schleim
Es stinkt!
Du lebst wie ein perfider Keim
Was nützt der Welt dein Hirn?
Du lebst gleich dem Mittelmaß
Voll und ganz das geist'ge Schaf
Wem bietest du die Stirn?

Wenn du klagst, dann wie das Kind
Es nervt!
Bist du dumm oder nur blind?
Ein Fan der Pubertät im Alter
Deine Luft im bloßen Sprechen
Heißt es nun zu durchbrechen
Ich finde deinen Schalter!

Du bist ein Sklave ihrer Willen
Pfui!
Versuchst, ihre Wünsche zu stillen
Was sie sagt, ist dein Befehl
Renne! Renne! Renne!
Und falls doch nicht, so flenne
Mach bloß nicht draus den Hehl!

So lebe stets, du bellendes Schaf
Ich lache!
Ich sehe, was du Geisel darfst
Du existierst als Kläffer
Das Falsche deines Denkens
Wird dich für immer lenken
Dein Kopf ein leerer Becher!

Unter lebenden Toten

Langeweile als Dogma
Die Ausrede ist Gott
Andere sind auch so
Generationenschafott

Lahmheit als Mode
Trägheit ist Trend
Geheuchelte Tränen
„Wie die Zeit nur verrennt"

Das Gefängnis als Ausweg
Freiheit als Klotz
Sie stinken nach Moder
Und lügen zum Trotz

Wo gibt es Rettung?
Wo das Pendant?
Gibt es nur eine?
Gibt es nur Zorn?

Die Sehnsucht

Hör nur diese Stille, alles ist so leise
Der Dampf heißer Kamille stört nicht meine Kreise
Der Morgentau, er funkelt und will noch weiter schlafen
Der Frühling, wie er schunkelt, zu Klängen zarter Harfen

Ihre flüsternde Stimme streichelt ruhig mein Ohr
Es berieselt meine Sinne und sie blickt sanft hervor
Obwohl sie längst gegangen, liegt sie neben mir
Und streichelt meine Wangen, ich fühl mich eins mit ihr

Wir waren Frühlingskinder, ein liebevolles Paar
Ich liebte sie nie minder, im Rest vom ganzen Jahr
Ihr Lachen war für mich, was es für keinen ist
Wie warmes Herzenslicht, oh wie ich es vermiss'

Es gab sehr schwere Zeiten, sind wir doch Fleisch und Blut
Fehler auf beiden Seiten, und unbedachte Wut
Über mein falsches Handeln wusste ich Bescheid
Wie konnte ich's verschandeln? Unendlich tut's mir leid

Ich blicke aus dem Fenster und sehe ihr Gesicht
Seh' ich schon Gespenster? Nein, ich glaube nicht
Egal, was ich auch sehe, ich verbinde es mit ihr
Die Wege, die ich gehe, sind einsame mit mir

Endlose Erinnerungen, als wir uns umgarnten
Herzliche Gesinnungen, wie wir uns umarmten
Ich sehne mich so sehr – nach ihrer sanften Liebe
Oh wie ich mich verzehr', wenn sie doch bei mir bliebe

So bin ich unter Leuten und trotzdem ganz allein
Erblicke Freudenmeuten, es fährt mir ins Gebein
Der Tag zwar wieder schön, alle Blumen sprießen
Doch seelisches Gedröhn versagt mir das Genießen

Ich trauere jeden Tag, darum, wie es geschah
Wie der Mann aus Prag, so fürchte ich Gefahr
Dass sie niemals mehr, singt, und nur für mich
Sind diese Tränen fair, die schreiben dies Gedicht?

Ein einjähriges Trauerspiel

Sie kam, sah und log
Und ohne Sinn betrog
Sie niemand' außer sich
Ihr Schwur „Ich liebe Dich"
Fadenscheinigkeit pur
Verbissen blieb sie stur
Ignorierte, was sie las und
Maß mit zweierlei Maß
Widersprüchlichkeiten
Die Sucht, Opfer zu bleiben
Sie wollte zwar das Licht
Doch brennen durft' es nicht
Gefangen in der Welt
In der sich jeder quält
Lebte sie die Phantasie
Nur wahre Liebe nie
Anstelle des Herzens
Wählte sie Schmerzen
Die längst unnötig waren
Sowie Pseudo-Gefahren
Ihr Wille zur Wahl
Verdammt zu Verfall
Geschnitzt aus edlem Holz
Doch zur Reflexion zu stolz
Sie gaukelte Versprechen
Nur, um sie zu brechen
Nie zu müde für die Lüge
Zu retten ihre Wetten
Doch stets war'n sie verloren
Ferner ward geboren
Die Unglaubwürdigkeit
Denn von Beginn der Zeit
Als sie sich betrog
Ertrank sie in dem Sog
Unter Zwang nahm sie in Kauf
Des Teufelskreises Lauf
Der Sog der Heuchelei
Brach sie komplett entzwei
So unnötig, so ohne Grund
Schrieb sie ihre Finger wund

Anstelle endlich auszubrechen
Folgten neue Stroh-Versprechen
Ich hoffte auf den Dialog
Doch verbat es ihr der Teufelssog
Mir ins Gesicht zu blicken
Um nicht zu ersticken
Denn absolute Scham
Passt in keinen Kram
Zugeneigt dem Streit
Und stets erpicht auf Leid
Leugnete sie mit List
Sie sei ein Masochist
Ganz sicher, sie war klug
Ich zieh' noch heut' den Hut
Doch frage ich „Warum
War sie nur so dumm?"

Vorlesung

Wie ich hier so beim Gähnen sitze
Und vieles in die Bank einschnitze
Herrscht draußen die totale Hitze
Ich sag es euch, sind keine Witze

Nach meiner geist'gen Skizze
Geh' ich nun raus und schwitze
Ich springe und ich flitze
Erscheint mir richtig spitze

Wild besungen und getanzt
Ungezwungen, nicht verschanzt
Liebe ich die Finken gar,
Triebe, biete mich dem Trinken dar

Fröhlich taumle ich umher
Schon wieder sind die Flaschen leer
Auf eines freue ich mich sehr
Die Lesung morgen und nicht mehr

Sie

Ehrlich zu sich selbst, Begierde genießend
Respekt vor der Liebe, Respekt vor der Macht
Verlangen in uns, funktioniert fließend
Die Macht, sie ist es, die mich so anlacht

Der Kuss, ein Blick von Zärtlichkeit
Ein geschmeidiger Körper, ein Feuer entfacht
Der Wunsch, fühlbar die Geborgenheit
Der Wille zum Uns, gemeinsam bedacht

Die Leidenschaft in der Glut der Hitze
Sie hält mich so fest, keine Chance zur Flucht
Die geistige Ekstase, die ich in sie ritze
Sie packt mich so zart, oh welche Wucht

Die Liebe genießen, den Rest verdrängen
Der Blick in die Augen, die Wahrheit bekennen
In uns das Glück, der Wille zum ja
Ich erwach' aus dem Traum, doch niemand ist da

Doch selbst der Traum zeigt die Realität
Wie Erleben in uns in die Psyche gerät
Dann sind wir zusammen, Gefühle im Bauch
Sie weiß, was ich rede, sie träumte es auch

Ungewisses Gewisses

Es ist ein Stück Seele, das mir so fehlt
Ich treibe dahin im Ungewissen
Die trockene Kehle, die mich so quält
Ein Teil meines Sinns, ich will ihn nicht missen

Bin ich allein, so spür' ich das Leben
Es ist nicht mehr da, es hat mich verlassen
So kann ich nicht sein und trotz allem Streben
Nach allem, was war, ich kann es nicht fassen

Die geistige Kraft, zur Hälfte entfleucht
In Gedanken versunken, nostalgischer Schmerz
Als säße ich in Haft, schon wieder getäuscht?
Von Sehnsucht betrunken, verbrennendes Herz

Die Welt meiner Träume, alles so rein
Die Fairness ein Gott, die Fairness ein Recht
Alles nur Schäume, alles nur Schein?
Gefühle im Spott, Ergebenheit schlecht

So zieh' ich umher, such' alles, nach allem
Was anders ist und mich stark ablenkt
Und doch bin ich leer, nichts vermag zu gefallen
Ein Alltag so trist und Freude erhängt

Ich verlange nie viel, doch was ich erwarte
Ist zwar nur wenig, doch scheinbar unmachbar
Ein grausames Spiel, in dem ich stets starte
Im Herzen ein König, anscheinend unfassbar

Doch geb' ich nicht auf, der Hoffnung verschworen
Das Licht um mein Wesen, es leuchtet gefährlich
Nehme Horror in Kauf, dazu auserkoren
Und bin ich gewesen, so war ich stets ehrlich

Licht und Staub

Ich kann nicht schlafen, will nicht wachen
Genau solch Phasen, die mich fassen
Die in mich dringen, aus mir scheinen
Es kann gelingen, Glück zu weinen

Seid nicht bedacht, es zu verpassen
Wie Licht es schafft, das Licht zu fassen
Es leuchtet auch bei Dunkelheit
Und bräuchte nur Gerechtigkeit

Wird Licht erstmals als Licht erkannt
Und Schicht für Schicht und Hand in Hand
Im Krieg des Lebens akzeptiert
So siegt der Mensch, der doch verliert

Wen stört dabei, dass so viel Staub
Betört ist von dem Leibesraub?
Als letzte Existenz verweht
Und nicht einmal den Raub gesteht?
Um Sinn und Halt sich feige windet
Und uns aus unsrer Pflicht entbindet!
Als Höhepunkt hielt sich versteckt
Dass nämlich Staub gar Licht bedeckt!

Wir sind Staub im Menschgewand
Hier zersetzt der Aggregatzustand
Das Wässrige zum Trockenlicht
Was wiederum schließlich zerbricht

Im Antlitz dieses Staubverwehens
Belacht das Nichts den Hort des Flehens
Und über allem thront sinnlos
Der leere Nihilismushof

Unser Licht bahnt sich so lang
Bis nichts mehr je gedeihen kann
Wenn keiner lebt, um zuzugeben
Dass das Nichts weht und nichts daneben

Wen stört dabei, dass so viel Nichts
In alles und in jeden schlich?
Geschlagen liegt der Staub im Licht
Auf dass die Zukunft das verbricht
Was unser Schicksal seit Beginn
In allem und in jedem spinnt
Licht und Staub? Ihr Spaßgesellen
Seid bald verglühte Feuerstellen!

Linz (1987-2011)

Rundlich und fröhlich
Mit offenem Herzen
Kämpfte er sich
Durch allerlei Schmerzen

Sein Talent, seine Künste
Dem Geiste entsprungen
Schier unerschöpfliches
Wirken gelungen

Es fehlen die Stunden
Der endlosen Worte
Auf einmal verschwunden
Doch bleiben die Wunden

Die Fremden

Es tobte einst die größte Schlacht
Um des Menschen Untergang
Die Menschen sind erst hier erwacht
Und so man sich besann
Doch nicht von Anfang an

„Wir müssen sie bekämpfen"
Sprach die reinste Angst
„Du weißt, was du verlangst?"
Sprachen and're Menschen
„Wir müssen Hoffnung dämpfen"

Um der Tausenden von Toten
War man sich bewusst
Die Teufel, die uns drohten
Schürten nichts als Frust
Es sanken Menschenquoten

Schließlich kam es zu dem Akt
Der seit Menschendenken
Durch erstmaliges Umlenken
Den Wechsel schuf im Tötungstakt
Gemeinsam stand man nackt

Schon allein das Warten
Auf die fremde Übermacht
Verweichlichte die Harten
Und wer hätte es gedacht?
Die Weichen hielten sie in Schach

Doch die Fremden nahten rasch
In tausendfachem Potenzial
Das allerletzte Abendmahl
Manche Menschen rauchten Hasch
Und verlachten deren Überzahl

So blickten von den Mauern
Millionen auf Milliarden
Keine Flucht, kein Lauern
Kein Gesang von Barden
Ob Soldaten oder Bauern

Es hielten alle her
Männer gleich wie Frauen
Um Hoffnung aufzubauen
Die Schlacht ward so unfair
Die Maus gegen den Bär

Mit der ersten Explosion
Startete die Raserei
Die Menschenmasse, die Fusion
Brach sehr schnell entzwei
Und Klag' und Wehgeschrei

Wurde übertönt
Von Waffenmacht und Todesheulen
Die menschlichen Angriffssäulen
Vom Feinde zwar verhöhnt
Doch Völker waren versöhnt

Dies war fern vom Ausgang
Der erste Sieg der Menschenfracht
Die Infanterie begann
Zu kämpfen gleich der Todesmacht
Es starben Frau um Mann

Und trotz solch Schlachterei
War die Menschheit frei
Im Gemetzel sah man ein
Nur so darf es sein
Das Rassedenken vorbei

Für jeden war man dankbar
Denn alle kämpften für dich
Das Paradies in der Hölle gebar
Und alle kämpften für sich
Rettung der menschlichen Schar?

Die Hoffnung wurde erkannt
Trotz erdrückender Stärke der Fremden
Die Früchte menschlicher Lenden
Erbittert verteidigt in jedem Land
Dass sogar die Sonne verschwand

Und Regen setzte ein
Vermischte sich mit Tränen
Zwar war der Mensch nun rein
Doch muss man noch erwähnen
Es floss mehr Blut als Wein

Die äußeren menschlichen Flanken
Brachen weiter zusammen
Die ersten Leichen begannen
Zu modern und oh, wie sie stanken
Mehr und mehr geriet man ins Wanken

Kein Kriegsrat konnte noch planen
Die Fremden hielten nie inne
An allen Ecken brannten die Fahnen
Endzeit schuf der Menschen Minne
Der Ausgang ließ sich erahnen

Noch hielten die Menschen dagegen
Und schossen aus allen Rohren
Das Fremde bereits vor den Toren
Und hatte das zehnfache Leben
Ihr Marsch glich einem Beben

Menschen kämpften mit Herz
Doch wurden überrannt
In tausendfachem Schmerz
Völlig niedergebrannt
Von Fremden maßlos geschwärzt

Als letzter Mensch auf Erden
Schreiben meine, diese Hände
Über die einstmalige Wende
Es schreiten neue Herden
Doch unsre Ära ist zu Ende

Das Wagnis

Auch wenn ihm Geister wohl gesonnen
So ist ihm einer deformiert
Ihm ist die Fähigkeit entronnen
Die niemals den Respekt verliert

So mag er wissen, was er weiß
Doch irrt er dennoch durch die Weiten
Es bedarf viel mehr als nur sein' Fleiß
Um geistig fortzuschreiten

Nietzsches Übermensch ist er zwar nicht
Doch wagt er dennoch das Gefecht
Und wenn sein Mark auch ganz zerbricht
Wird denkend frech umher gezecht

Keimt seine Politik aus Rechtschaffenheit?
Oder Rechtschaffenheit aus Politik?
Der üble Zwang seiner Zweifaltigkeit
Durchbrach längst sein Genick

So siecht er heiter vor sich hin
Deckt seine Ansicht die von Fremden
So sind die Fremden ein Gewinn
Doch wehe den', die sich abwenden!

Sein Prinzip ist allzu simpel:
„Entweder für oder gegen mich"
Ich kenn' noch and're solche Pimpel
Und alle rot und bräunlich

So hört das Fazit dieses Jungen
Der einst meinte, anzugreifen
Natürlich wird er nicht verstummen
Und ganz und gar in sich versteifen

So war er einst der kleine Sputnik fein
Der schimpfte auf den Philosoph'
Er provozierte einen Krieg herein
Nur war's dem Philosoph' zu doof

Die Ballade von Holli, dem Huhn

Holli, das Huhn, gackert stets gern
Von Schönheit, die da liegt, doch nun mal ihr so fern
Stumpfsinn sei ihre Last und gleichsam ihre Lust
So dünn wie gar ein Ast, doch hat sie je gewusst…

…Dass starke, große Männer sie einmal derb zertreten?
Gebracht auf einen Nenner: Sie muss täglich beten
Ihr tumber Hühnerkopf schwebt über dem Genick
Für wahr ein armer Tropf, ihr fehlt schlichtweg der Blick…

…Für Geisteswissenschaften
Die andere sich erdachten
Der Missbrauch ihrer Macht
Ist ihre Machenschaft
Bedeutungslosigkeit
Geliebt und mitgeteilt

So sprach sie, als sie starb, da niemand ihr vergab:
„Zerstört nicht eure Tage und hört nun, was ich sage:
Die Frustration führt nie zum Sieg in euren Leben
Sie schürt nur Hass sowie den Weg ins Huhnverderben"

Sie war sich so sehr sicher, dieser einzigen Weisheit
Oh wie ich dabei kicher, da diese „Neuigkeit"
So alt war wie ihr Geist, sie endlos sich blamierte
Was war das Huhn nur dreist, indem sie schikanierte

Nie ging es in ihr Hirn, dass jeder sie verlachte
Verzog nur ihre Stirn, bis Machtmissbrauch zerkrachte
So war sie wie der Clown, der insgeheime Scherz
Die Schande aller Frauen, ihr Tod kam Mitte März

Dies sagte ihr nie einer, da Wichtig'res zu tun
In ihrer Welt gar keiner, der liebte solch ein Huhn

Armer, glücklicher Tropf

Ich will nicht fliegen, will nicht tanzen
Will mich bekriegen, mich verschanzen
Was ich höre, will ich glauben
Indem ich störe, werde ich rauben
Rauben, was des and'ren Sinn
Schrauben an dem gleichen Kind
Ich seh' sie dort im Geistesmeer
Und geh' zurück ins Massenheer

Schmerz Komma Schmerz Periode

Noch immer quälende Tage und Nächte
Ich öffne meine Augen, sehe Erinnerungen
Umgeben vom Bunde kalter Mächte
Wann endlich werden sie verstummen?

Aufdringlich schmerzvoll erdrückt mich ihr Erscheinen
Es gleicht einer Verfolgung des seit Monaten Zerstörten
Zermürbend, wie sich Hass und Zuneigung vereinen
Verwelkende Geräusche, die einst einander hörten

Blase ich mich aus, um nicht auszubrennen?
Ist der Zenit nicht längst bei weitem überschritten?
Die Qual scheint mir als habe sie grenzenlose Längen
Ich betrachte den Verfall der Schönsten aller Sitten

Ohne Kampf soll ich verschwinden
Umherirrend – Gegenwehr
Um Schmerz und Glück so zu verbinden?
Ich kann es nicht und will nicht mehr

Als herzlos, nüchtern und unrein
Empfindet hier der Unterschied
Die Schwüre alle nichts als Schein
Gedanken an den Suizid

Schädeltrauma

Getroffen von Raketen
Das Feuer detoniert
Was für Pyro-Feten
Beinahe massakriert

Am Hirn das Einschussloch
So groß wie Kanada
Igitt, und wie es roch
Jeder es nun sah

Der Bomber lachte auf
Der Treffer wohl gelungen
Witze sehr zuhauf
Im nächsten Lied besungen

Mit Salben und mit Eis
Durch Mengen durchgelaufen
Ich erspar' euch die Details
Kein Mensch kann die gebrauchen

Nur eines sei gesagt
Gebt auf die Schädel acht
Schwermetall, er tagt
Und donnert durch die Nacht

Bronchienballett in der Oper

Auf geht der Vorhang
In Essens Opernhaus
Das Publikum schweigt fabelhaft
In Form der einst'gen Sängerschaft
Blick geradeaus
Auf ist der Vorhang

So tönt es vom Parkett
Das Röcheln beginnt ein Bass
Vom Balkon schmettert ein Husten
Hinten Würgen und Prusten
Auf den Verlauf ist Verlass
Gestatten: Das Bronchienballett vom Parkett

Hinfort mit jeder Scham
Und weg mit dem Respekt
Dekadenz selbst im Stillsein
Seriös nur zum Schein sein
Sitzen sie versteckt
Hinfort ist jede Scham

Beispiel einer Erblindung

Du schwirrst durch die Massen kranken Seins
Verirrst dich in Gassen falschen Scheins
Du siehst von dir aus in das Reine leerer Herzen
Und fliehst zu mir zum Beweinen schwerer Schmerzen

Wir vergessen oft die Triebe der Welt, indem wir uns anbeten
Und messen so die Liebe, nicht Geld, indem wir Hass zertreten
Lass uns ein Nest errichten, das wir gern aufsuchen
Und auf den Rest verzichten, den wir stets verfluchten

Du bist meine Rettung, ich lebe, um zu dienen
Der menschlichsten Entdeckung, nie mehr Geistesminen
Sofern dein Herz blutet, quält sich auch mein Geist
Bist du von Blut geflutet, schält mein Inn'res Eis

Du liebst die Sonne, Felder und das Leben
Spazierst mit Wonne durch Wälder, möchtest schweben
Manchmal fällt es dir schwer, deinen Idealen zu glauben
Doch gelingt es nie mehr, dir diesen Traum zu rauben

Du schenkst mir dein Lächeln zum Genuss toller Erinnerungen
So kann man nur schwächeln, Viren sind in mich gedrungen
Ich kann nur an dich denken, sollt' ich aus dem Fenster blicken
Und kann mich nicht mehr lenken, muss mich zu dir schicken

Wenn du Schritte gehst, versetzt du uns ins Träumen
So bitte dann verstehst, gehetzt wird ein Herz schäumen
Denn du kannst nichts dafür – es ist die Gottgestalt
Ich gehe durch die Tür, aus der dein Glanz entstrahlt

Wenn du nachts erkennst, wie deine Seele lebt
Und du den Gott benennst, so deine Welt erbebt
Dann vertraue dich mir an und lausche deinem Sein
Ich schaue, ob ich kann und tausche meine Pein
Ich tausch' sie gegen dich, nie mehr bin ich allein
Mehr brauch ich dazu nicht, auf ewig bin ich dein
Wenn der Mensch verliert, dann sterbe ich mit dir
Zumal ich auch krepier', doch niemals nur mit mir

Melancholie des kleinen Mannes

In dem Frost und in der Kälte
Wo ich mit der Angst nun zelte

Schritte, die die Ruhe zieren
Lassen gar mein Blut gefrieren

Die Hölle ganz in meinem Leib
Neben mir liegt tot das Weib

Die Wucht der Welt war viel zu stark
Die Macht vom Mensch' dagegen zart

Wir werden nun im Dunst versinken
Zugrunde geh'n, wenn sie uns finden

Die weiße Masse um uns dicht
Gemeint ist Nebel, nicht das Licht

Ich winde mich in meinem Schmerz
Atme schwer, mein totes Herz

Ich höre Stimmen, ungewollt
Ein Beben hart, es rollt und rollt

Vom Wahn nunmehr vollends zerfressen
Durch die Schwärze krank, besessen

Der Sturm um uns macht alles nieder
Der Kuss im Diesseits, nie mehr, nie wieder

Brennender Schweiß und Lavavenen
Kochender Geist, zerkratzte Sehnen

Die Würde längst vom Leben besiegt
Trauer, Verzweiflung, in Blut gekniet

Die dumpfen Schreie ungehört
Die Irrenhauswelt, gegen Sinn verschwört

Aus Schritten wird nun die Gestalt
Der Tod klopft an, das mit Gewalt

Erlösung bald, das durch die Wahl
Der Blick zurück, nie mehr die Qual

Erdrückend unter seinem Gewicht
Die Flamme des Lebens, sie erlischt

Verloren im letzten Tag

Ich stehe klein im Freien
Und liebe ganz den Tag
Hier kann ich wohl gedeihen
Und übe den Verrat

Im Gegensatz zu Laien
Schloss ich den Vertrag
Nie wird man mir verzeihen
Der widerlichsten Tat

Ich versetze diese Reihen
Nicht weil ich es so mag
Ich muss mir Reue leihen
Dies' Gebiet ich nie betrat

Lasst mich zu den Haien
Ich fühl mich mehr als hart
Niemand kann mich heilen
Denn keiner ist so stark

Ich handle, wie ich fühle
Ich bin ein dunkler Wald
Ich bin die quälende Schwüle
Weder heiß noch kalt

Eben warf ich Stühle
Ich vermisse den Gehalt
Komm ich in die Mühle?
Werd' ich zur Todgestalt?

Es kreischt in mir die Kühle
Betrunken, wie sie lallt
Der Zorn, in dem ich wühle
Ist mein letzter Halt

Wie ich mein Hirn umrühre
Lausch ich, wie es knallt
Das Feuer, das ich schüre
Der Wahnsinn endlos schallt

So gebt mir meinen Hammer
Ich erschlage euch damit
Bin süchtig nach Gejammer
Mein geisteskranker Ritt

Ich brülle nach der Mama
Die immer an mir litt
Und wüte durch die Kammer
Mein allerletzter Schritt

Es erlischt in mir der Banner
Ich spür den Todestritt
Verwehrt bleibt mir das Manna
Um das ich sterbend bitt'

So lieg ich totenstille
Im allerleersten Raum
Und blicke durch 'ne Brille
Doch Farben zeigt sie kaum

Vernichtet ist mein Wille
Der ewige Alptraum
Mit mehreren Promille
Quillt aus dem Mund der Schaum

So bröckelt mir die Kehle
Entgegen meinem Streben
Und wie ich mich verhehle
Stehl' ich mich aus dem Leben

Den letzten Tag auf Erden
Verbrachte ich gespalten
Für immer endende Beschwerden
Da Würmer mich verwalten

Und die Moral von diesem Mann?
Es gibt sie nicht, falls ihr versteht
Denn dieser Mensch, der nun verweht
Der starb ein Leben lang

Die Sintflut in mir

Ach wenn der Regen doch
Den Seelenbrand vernichte
Dieser schreibt stets immer noch
In mir und zwar Geschichte

Ich brauche ihn so sehr
Er übertönt das Schreien
Auf dass ein ew'ges Meer
Uns niemals wird verzeihen

Ach wenn der Regen doch
Alles wegspülen würde
Als ich mich in mir verkroch
Zur nächsten Einbruchshürde

Ich brauche ihn so sehr
Er isoliert mich von der Masse
Dem verrohten Heer
Dem Geifern nach der Klasse

Ach wenn der Regen doch
Vermöge, zu befreien
Ich selbst im seel'schen Loch
Könnt' schmerzlos hin gedeihen

Ich brauche ihn so sehr
Mit all sein' nassen Flecken
Er gibt mir die Gewähr
Tränen zu überdecken

Ach wenn der Regen doch
Meine Peiniger ertränke
Als endlos brennend' Docht
Mir neue Hoffnung schenke

Ich brauche ihn so sehr
Er hilft mir zu begreifen
Wie falscher Sinn verkehrt
Was wahre Schmerzen heißen

Meine Renaissance

Seltsam scheint sie mir zur Zeit
Die mir beschaff'ne Einsamkeit
Sie wurde mir zum besten Freund
So dass sie sonnig in mir scheint

Nach Monaten der gröbsten Hölle
Tret' ich nicht mehr auf der Stelle
Ein Wandel vollzog sich mir im Kopf
Ein Deckel passt, auch ohne Topf

Belacht sind alle jene Briefe
Wo mir einst die eigene Psyche
Schon damals meinen Wert verriet
Der in mir wohnt und in mir blieb

Mein Mitleid gilt der Dekadenz
Die in all den Weibern pennt
Die meinten, durch kein Überlegen
Eine Stärke preiszugeben

Sie verkehren wie Heuschrecken
Der Opfer müde, die verrecken
Verflucht seien sie samt ihren Lügen
Und Stärke dem, den sie betrügen

Verfiel ich zwar der Sehnsucht ganz
War dies auch nur ein Wert voll Glanz
Doch wertlos sein zu jeder Phase
Ist all der Weiber faire Strafe

Mit sich allein so glücklich sein
Dass man hell vor Freude weint
Ist philosophisch tief begründet
Und mit Empirie verbündet

Nicht zu verwechseln mit der Sucht nach Spaß
Die panisch herrührt Tag für Tag
Opportunisten wie solch Weiber
Haben nichts als ihre Leiber

Der Schwimmer

Ein begnadeter Schwimmer, von vielen bestaunt
Lebt frei nach außen und wirkt auserkoren
Doch muss er im Innern sein Schaffen verdauen
Ist er doch Sprinter und ward so geboren

Nachts träumt er das, was ihm entspricht
Von festen Stoffen, die er berennt
Nur wacht er dann auf und sieht sein Gesicht
So sieht er nicht den, den jeder doch kennt

Er hasst die Erwartung, den Druck und noch mehr
Sein Traum ist das Opfer, das sich ertränkt
Er kämpft mit Gedanken, ob richtig, ob fair
Nachdem sich sein Leben auf Pflichten beschränkt

Wenn er trainiert, dann hart für sein Bild
Das er vertritt, doch dabei verdammt
Öffentlich Vorbild, ein Aushängeschild
Obgleich er den Wechsel so sehnlich verlangt

So pflügt er durchs Wasser, dem Tränengemisch
Spürt, wie die Zeit sehr grausam vergeht
Und die, die's erkennen, die wundern sich
Warum ist er traurig? Er ist doch Athlet!

Zeit seines Lebens ist er nun Schwimmer
Tut, was er kann und träumt, was er will
Das Becken ist das, was Hunden der Zwinger
Nach innen verzweifelt, nach außen stets still

Das traditionelle Ritual

Des Tages Freude ist dein Singen
Des Ausdrucks zudem noch dein Springen
Unbeschwert lebst du dich selbst
Wie furchtlos du die Zukunft hältst

Doch aus dem Nichts erfolgt ein Schlag
Geschlossene Hölle sein Vertrag
Sackst ahnungslos in dich zusammen
Seist von dem Zeitpunkt nun gefangen

Du weißt nicht wie, noch was geschah
Keine Spur in dir von der Gefahr
Noch immer liegst du tief im Schlummer
Was folgen wird, ist mehr als Kummer

Schleppend lahm nun dein Erwachen
Psychisch wirst du bald verflachen
Um dich nichts als Dunkelheit
Und schwarz ab jetzt die Einsamkeit

Ein Moder scharf liegt in der Luft
Der Geruch des Todes mimt den Duft
Die Panik, die in dir geboren
Treibt dich zum Hecheln, bist verloren

In deinem Wahn greifst du an dir
Fühlst Zündhölzer, zwar davon vier
Schnell brechen drei von vier entzwei
Die Panik lacht, sie liebt den Schrei

Das Letzte brennt, ein Hoffnungsschimmer
Grausam mild nun dein Gewimmer
Erkennst um dich, was nicht die Norm
Ein enges Holz in Menschenform

Du denkst vom Mörder, der dich schlug
Doch all dein Horror nicht genug
Der Moder nämlich nicht die Luft
Verwesung eine andre Kluft

84

Zur Seite wandert jetzt dein Blick
Ganz langsam dreht sich dein Genick
Der Anblick grässlich, Blut gefriert
Verwesend' Leichnam, dein Licht verliert

Schreien, Weinen, Brüllen, Flehen
Nie mehr wirst du in die Freiheit gehen
Du erstickst, begraben nun für alle Zeit
Der Leichnam Partner für die Ewigkeit

Der Heuchler

Er, der vorgibt, fair zu sein
Beschwört Grundsätze ungetilgt
Verkörpert er doch nur den Schein
Dessen, was als Regel gilt

Er, der Biedermann par excellence
Beteuert zwar Modernität
Erstickt nur schon im Keim die Chance
Zu jener und wofür sie steht

Er, der feige ist, die Kraft zu messen
Spricht von Stärke eines Teams
Doch muss dieses alles fressen
Was ihm für sein Ego dient

Er, der brüllt, um still zu wirken
Kann nur stets sich selbst verstehen
Unter Eichen, Tannen, Birken
Leugnet er, den Wald zu sehen

Er, der Despot seines Amtes
Schützt sich vor der Wahrheit brav
Um sogleich, sowie's bekannt ist
Das zu tun, was nur er darf

Er, der weiß, privat zu scheitern
Schlägt beruflich wild um sich
Damit kann er sich erheitern
Wie armselig, wie jämmerlich

Er, der sieht, wer glücklich lebt
Erträgt den Zustand niemals lange
Der Fremderfolg steht ihm im Weg
Auf dass kein Mensch sein Heil empfange

Er, der lügt, um zu vernichten
Muss sein Umfeld stetig tadeln
Den and'ren Fehler flott andichten
Ein Voodoospiel mit dreizehn Nadeln

Er, der fordert, doch nicht gibt
Beansprucht Pseudosonderrechte
Und falls deshalb nur einer piept
Sorgt Terror für sehr dunkle Nächte

Er, der vorgibt, fair zu sein
Beschwört Grundsätze ungetilgt
Verkörpert er doch nur den Schein
Dessen, was als Regel gilt

Ein Stück Schulunkultur

Im Alter ruft der Gang am Morgen
Die Alten aus den Betten laut
Sich ihres Blaseninhalts zu entsorgen
Bevor ein Traum ihr'n Schlaf versaut

Beruflich sind ihnen Positionen
Um kultisch deutsche Schulen zu trimmen
Drum fällt's ihnen schwer, all die zu schonen
Die fähig sind, liegen zu können

Ab sechs Uhr haben Knab' und Mädel
Aus ihrem Schlummer aufzuwachen
Gelehrt wird dann in ihre Schädel
Ums den Alten recht zu machen

Natürlich sei's nicht rachevoll
Denn morgens – das sagt irgendwer
Lernt die Jugend ach so toll
Was willst du Jugend denn noch mehr?

Eindeutig zeigt das Ausland zwar
Dass es klar auch anders geht
Doch läuft der Deutsche ja Gefahr
Dass er die Tradition verdreht

Der Beweis in and'ren Ländern
Juckt doch keinen, seid doch still!
Wozu auch etwas endlich ändern
Was ein Individuum so gerne will

Verstaubt sind so viel Lehrvorgaben
Dazu noch eng und überfüllt
Um altbacken sich zu laben –
Das Schulsystem gehört entmüllt!

Ein Nebenjob

Jeden Samstag saß ich hier und zahlte meinen Spaß damit
Mal betrunken, mal topfit, und insgesamt drei Jahre schier
Als Kaufmann nicht und nie geboren, doch klingelte die Kasse fein
Da für jene Kundenmasse diese Ohren stets offen waren

So wurden Wochenenden finanziert, mit rundem Teig nebst Salz darauf
An Mann und Frau gebracht zuhauf und oftmals mit viel Dank quittiert
Was kam samstags auf den Tisch, knusprig, lecker, weich und warm?
Ein Gebäck gemacht mit Charme – und dazu stündlich ofenfrisch

Der Zeitungsmann stand nebendran, versorgte mich mit Lesestoff
Obgleich er stets die Ware roch und mich aufsuchte ab und an
So gab es lange, schnelle Stunden, die mich zu Schriften inspirierten
Und Gedanken sich kreierten, thementechnisch ungebunden

Versagen

Bezüglich der Schaffung von Freude
Begrüßte ich damals das Heute
Nachts ward ich vorm Schlaf von Eifer berauscht
Mein Fieber wurde durch Stärke getauscht
Die Zukunft schien so einfache Beute

Jubel verfing sich in jeder Richtung
Sogar im Stile einstiger Dichtung
Tags fielen Gedanken auf kommende Nächte
Auf ihre Stille und was sie mir brächte
So flog der Konsens im Geiste zur Lichtung

Wo man die Furcht des Versagens verneinte
Und sich der Stolz mit Können vereinte
Auf dass sich das Holz begann zu veredeln
Doch nicht, um mit dem Banner des Hochmuts zu wedeln
Epikur war, er sprach und er keimte

So kam es zum Tag, an dem der Keim zählte
Exakt jener Tag, den man sich wählte
Doch schlich für Momente das Fieber zurück
Wodurch jede Chance im Keim schon erstickt
Folglich die Kraft mit Schwäche sich quälte

Als Folge darauf verschwand die Routine
Und schweißig Gesicht samt finsterer Mine
Führten zu Fragen, die schmerzhaft bohrten
Sie schürten das Feuer und sprengten die Ohren
Ich stach mit dem Schicksal gleich dem der Biene

Im Vakuum

Gelangweilte Starre als Abschluss des Nichtsnutz'
Verharrt im Schädel
Gequält und in Trance, begaffend den Wandputz
Die Greenhorns übersetzen Deutsches ins Deutsche
Sie verletzen Ästhetik!
Stumm, wie ich seufze

Theoretikerhorden zerpflügen das Schriftgut
Es trägt sich zu Grabe
Hilflos verfolgend, blutendes Herzblut
Seziert wird die Schönheit, zerlegt und verkrüppelt
Analysierend Verderben!
Ein Schaffen zerstückelt

Fähige Redner beurteilen die Schreiber
Bemerken es nicht
Überschlagend Kritik, bekennende Neider
Verdichtete Wünsche, die Schurken zu stellen
Ihre Entwertung!
Erlischendes Bellen

Die Fachleute des Grauens entsteigen ihrem Moor
Mit stolzen Gebärden
Intentionen erfindend, dämonisch ihr Chor
Nichts wird erreicht, doch das immer fort
Niemals Autoren!
Neuer Rekord

Jedweder Verdruss als Zeichen des Verstandes
Braucht ein Ende
Ich bin es überdrüssig, als Teil dieses Verbandes
Gedeihend in der Leere, unter Marionetten
Flucht in die Ferne!
Weg von den Ketten

Stille

Still!

Warst du anfangs noch selig verzaubert
Hast du es am Ende von Herzen bedauert
Hilflos lagst du zusammengekauert
Wie von den Wänden eingemauert

Gebrochen

Eine von Sehnsucht erfüllte Nacht
Hängt sich erneut an die stetige Trauer
Schmerzverzerrte Gedanken an die vergangene Pracht
Erschufen vor langer Zeit diese unüberwindbare Mauer
Die jedem hoffnungsbeflissenen Sprengstoff standhält
Dabei keimende Lichtblicke stählern abweist
Die zu den härtesten Prüfungen eines Lebens zählt
Und jede Freude an diesem zerreißt

Diese Verlorenheit in einer Welt des Vergehens
Einsamkeit nach Raub des einzigen Sinns
Hoffnung ertrunken im Sog des Verwehens
Obligatorische Niederlagen nach jedem Gewinn
Geschaffene Illusionen von wertvollen Herzen
Kapitulieren vor den kältesten Entzauberungen
Ungerechte Urteile zu endlosen Schmerzen
Werden vom Tod von hier an zynisch besungen

Die wahrlich unbefleckten Momente von Geborgenheit
Währen kürzer als die Dauer jeglichen Verfalls
Zwar dienen sie ehrlich als der Menschheit Geleit
Sind jedoch nur Schwingungen eines winzigen Schalls
Ein winziger Schall im Wechsel der Gezeiten
Hat dennoch die Macht, einen Geist zu zerbrechen
Er wird sich wie die Seuche im Herzen ausbreiten
Und eine Psyche letztendlich von innen erstechen

Die Bilanz zieht sich grausam durch all diese Jahre
Zählt all jene Siege der Ungerechtigkeit
Einstmalige Gefühle wie ausfallende Haare
Verrotten verlassen im Wandel der Zeit
Das Schicksal zu hart für das Herz des Schwachen
Er geht zugrunde in seinen endlosen Qualen
Er hört die Starken, und wie sie lachen
Mit seinem Herzen, das sie ihm stahlen

Nach Jahrzehnten ohne die geringsten Chancen
Ward man noch lebloser als das Herz dieser Zeilen
Gebrochen und verstaubt in allen Nuancen
Zwang man sich grob, noch kurz zu verweilen
Um schließlich gebrochen zu sterben
Für nichts und wieder nichts völlig zerrieben
Und als letzter Ausdruck aller seelischen Kerben
Ward mit Tränen an die Wand geschrieben:

„Die Betäubung seiner Sinne diente dem Überleben
Der Verlust von seiner Minne blickte stets entgegen
Er verzweifelte im Körper seines eig'nen Seins
Wirkte wie ein Gestörter, zerstört von seiner Pein
Er stieß auf taube Ohren, was er auch probierte
Schrie stumm vor ihren Toren, vor denen er krepierte
Die Wärme ward vergangen… in einer Welt der Triebe
Zu groß war sein Verlangen… nach der wahren…"

Frühlingsmorgen

Wundervoll der Frühlingsmorgen, in unbeschwerter Pracht
Im Gestirn der Gezeiten, als Kind voller Hoffnung erdacht
Soll unser Inneres zum Mitlachen animieren
Menschen tauen auf… nach langem Erfrieren

Verschlafene Augen, mild geblendet durch das Licht der Sonne
Ein langsamer Blick wandert behände neben mich

Ihr Schlummern im Antlitz der Wärme ist reine Wonne
Die femininen Gesichtszüge sind ein Gedicht

Zärtlich, zerbrechlich und so wunderschön
Geschmeidig, geliebt und doch grausam brutal

Unsegen mit ihr, für das Herz ist's Gedröhn
Ja sie kann sie schaffen, die stetige Qual

Der wundervolle Frühlingsmorgen in all seiner Last
Nach seiner Attacke nun mehr verbittert gehasst
Soll unser Inneres zum Mitlachen animieren
Menschen tauen auf... und ich werde erfrieren

Der Dumme

Mal wieder fiebert er im Vakuum
Und sieht nun ein: was ist er dumm!
Das Märchen, das er glaubte
Den Traum, den man ihm raubte
War alles, was er hatte
Erniedrigt wie die Ratte
Lebt er in einem Beben
Sein Zustand ist kein Leben

Wieso muss das sein?
Was hat er getan?
Ist er solch ein Schwein?
Und blind für die Gefahr'n?
Niemals war er geschaffen
Für derartige Sachen
Die ohne Fairness wüten
Demütigung ausbrüten

Trotz der stet'gen Trauer
Wird er niemals schlauer
Er dachte, er genüge
Und erfuhr die nächste Lüge
Ein Klischee so fatal
Sein Schmerz ist ihm Schicksal
Er war der Prinz im gold'nen Land
Er war gar Zeus, doch sie verschwand

So finster wie die Nacht
So schrecklich, wie sie lacht
In den Erinnerungen
Die niemals ganz verstummen
Sieht er sie vor ihm stehen
Sieht sich nun endlos flehen
Schon wieder total hilflos
Schluckt er den nächsten Kloß

Gesittete Hölle

Merkwürdiges Erwarten in einer Mischung aus Spannung und Zeit
Endlose Denkfahrten zwischen Betischung aus Trennung und Neid
Eine Schwellung des Geistes im Raum warmer Stille
Diese Prellung, so heißt es, ist kaum zahmer Wille

Alle sehen sich über das Holz mit stillen Worten ins Gesicht
Und drehen dabei mit Stolz die Pillensorten durchs Gericht
Das Pult über dem Aushang der Gerechtigkeit lebt
Die Schuld führt zum Gang, den der Hilflose schwebt

Dieser den Gott Spielende waltet über Macht und lacht
Dieser mit dem Wort Zielende vergewaltigt den nackten Verdacht
Ohne Würde wird man dem netten Hagel fürs Gaunern ausgesetzt
Diese Hürde wird als ein fetter Nagel mit Staunen geschätzt

In der Maschinenhalle

Diese Zufuhr von Metall
Ist gleich Fortschritt wie Verfall
Wir verrotten, sie verkalken
Beide sind wir Wanderfalken

Der Sklave erschuf sich and're Sklaven
Und kann noch nicht mal mit ihn' schlafen
Wer dient wem nun eigentlich?
Wir sind schwach, die Sklaven nicht

Die Musik ist so klinisch kalt
So monoton wie der'n Gestalt
Ihr Herz schlägt dabei im Akkord
Nicht sie begehen Menschenmord

Die Knöpfe leuchten auf den Armen
Kapiert es doch, sie woll'n uns warnen
Im Grunde sind sie längst die Reichen
Die sich so fein global einschleichen

Kollegial empfinden wir
Das neu geschaffene Eisentier
Eingegliedert ins System
Wir schreiten zwar, doch bleiben steh'n

Sind sie eine edle Hilfe
Oder doch nur falsche Knilche?
Sie rotieren durch Programme
Noch erschaffen von dem Manne

Diese Maschinen sind sehr feminin
Sie gebären, werden Mütter
Ihr Ade-, Cyto-, Thy- und Guanin
Sorgen bald für's Endgewitter

Vom hübscheren Wesen

Manch Weib in ihrer Sucht nach Kindern
Sieht Liebe als das Ding zum Zweck
Ein Mann soll ihre Schmerzen lindern
Sein Luftschloss mutiert sodann zu Dreck

Die Sanftmut zwar in ihr besteht
Bedeutungslosigkeit lässt grüßen
Der Sinn, nur einer, um den sich's dreht
Tritt Sachlichkeit mit Füßen

Die Morgenstille wird vergiftet
Es geht und geht und geht das Maul
Das Meditieren wird vernichtet
Kommunikation flink wie ein Gaul

Mag er erzähl'n mit viel Interesse
Zehrt ein Schweigen stark an ihr
Steigt Druck, so dient der Augen Nässe
Beteiligung, sie ist nur Zier

Entsteht das Kind, beginnt die Hölle
Der Mann als Hülle abgetan
Der Staat regiert, es ist sein Wille
Das Weib geschützt in ihrem Wahn

Nun gleiches Recht, sie ist gefestigt
Die Lüge stark, sie leugnet ihn
Die Vergangenheit zeigt ganz berechtigt
Die Köpfe, Genies: Maskulin

Aus diesen Fakten spricht die Regel
Gleich sein heißt heute frech und kesser
Der Tratsch, hurra, es steigt der Pegel
Gleich sein gern, heißt heute besser

Der Dummschwätzer

So hört doch her, er weiß etwas
Wenn auch gar nicht interessant
Er plappert rum, sagt dies und das
Ein Pseudowissen im Verstand

Ohne Pause Meldungen
Die Stille erträgt es tapfer
Dennoch beschmutzt er diese, denn
Sie verzichtet auf solch Kasper

Er konspiriert und zwar
Mit dem, was jeder lesen kann
Doch gibt sich als der Geistes-Zar
Welch Probleme hat der Mann?

Geradezu mit Absicht
Verteilt er seinen Müll um sich
Doch ist sein Handeln nicht
In höchstem Maße wunderlich

Da die, die ihn durchschauen
Gesülze ignorieren
So kann sein geist'ges Bauen
Immer nur verlieren

Doch erkennt er das Problem
Niemals als jenes an
Denn er ist zu bequem
Und beginnt von vorne dann

Was lernen wir daraus?
Es wird sie immer geben
Ihnen fehlt der ehrliche Applaus
Trotz all ihr'm Tun und Streben

Die Wüste des Schwachen

Lange nach dem Herzensraub
Liege ich nun hier
Es weht um mich wie Wüstenstaub
Die Erinnerung in mir

Eingebrannt wie Feuerstellen
Die nie zur Ruhe kommen
Gleiche ich den toten Zellen
Die in mir verschwommen

Die Wüste des Vergangenen…
Für sie nur noch ein Scherz
Hält mich wie den Gefangenen
In jenem stechend' Schmerz

Liebe in mir ist verurteilt
Zu verrotten Tag für Tag
So lange ist sie ungeheilt
Wo endet diese Klag'?

Mich allein quält jener Traum
Der einst geträumt zu zweit
Zerschmettert wurde mein Vertrauen
Und ausgetauscht durch Leid

Die Stille um mich trügt den Schein
Von Ruhe im Gemüt
Verzweifelt meißle ich am Stein
Der im Leibe blüht

So lief in mir der Wanderer
Kurz vor den Iden los
Auf Knien durch die Sahara
Des Cäsars Todesstoß

Die Oasen meiner Seele
Scheinen weit und scheinen nah
Verwehrt sind sie der trock'nen Kehle
Und niemand weiß, wie es geschah

Mir bleibt nichts übrig als zu warten
Zu schwach bin ich zu gehen
Doch bleibt die Hoffnung auf gerechte Karten
Zum Teil in mir bestehen

Einer dieser Tage...

Die Langeweile ist die, die siegt
Und ich bin der, der in ihr kniet
Beweg mich ganz in ihrem Gebiet
Rein gar nichts, das mich aus ihr zieht

Ich spüre die Trägheit, wo immer ich gehe
Langeweile gewiss, wohin immer ich sehe
Inneres Schwitzen, wo immer ich stehe
Ein Tag so verloren, oh wehe, wo wehe

Ach! Wie werd ich doch verrückt
Die Phase scheint missglückt
Fühl mich dann wie bedrückt
Bin hinterher entzückt

Das Resümee – nicht viel
Nach diesem faden Spiel
Zeigt eine Art vom Ziel
In völlig and'rem Stil:

Gähnen, Warten, Sitzen: Tränen starten, Schwitzen
Sich schmerzhaft zu entschließen, sich scherzhaft zu erschießen

Fragen der Verdammnis

Habt ihr euch je gefragt, weshalb ein Mensch am Sein zerbricht?
Glaubt ihr, der jüngste Tag, besteht aus Glut und brodelnd Licht?
Hofft ihr auf den Funken, der beim Verglühen den Leib verlässt?
Um doch nur zu bekunden, was uns danach den Blick benässt?

Habt ihr denn je gewollt, dass Denken uns der Nacht beraubt?
Spürt ihr den Geisteszoll, der alles, nur den Wahn nicht klaut?
Wollt ihr lieber schweigen, um heimlich nur im Kopf zu schreien?
Oder euch verneigen, vor Gott, dem Nichts, in seinen Reihen?

Seht ihr den Sinn im Leben – wenn ja, weshalb erfolgt er nicht?
Das Nehmen und das Geben – nur Taktik, die ein Heil verspricht?
Seht ihr den Sinn im Leben – falls nein, weshalb verheilt er nicht?
So unnütz, alles Streben – nur Taktik, die die Zeit besticht?

Vergesst ihr manchmal auch, den Alltag zu ertragen?
Und diesen Schmerz im Bauch, entstanden durch Wehklagen?
Erscheint es euch gerecht, unendlich ewig fort zu sein?
Was ist Traum, was echt? Wer macht aus Tränen uns'ren Wein?

Hört ihr dieses Ticken, das voll Hast durch Venen stürmt?
Lässt jenes uns ersticken, bevor es vor der Fairness türmt?
Liegen Seelen brach, um solch Ticken still zu lauschen?
Wer entgeht der Schmach, das Leben gegen nichts zu tauschen?

Seht ihr den Sinn im Sterben – wenn ja, weshalb verzögert man?
Den Griff nach scharfen Scherben – als Chance für den Untergang?
Seht ihr den Sinn im Sterben – falls nein, weshalb begehrt ihr nicht?
Den Hass auf das Verderben – als Schutz vor dem, was nie erlischt?

Wann leuchten alle Sonnen, die zum Dessert Planeten speisen?
Sind Welten uns gesponnen, zu denen wir trotz allem reisen?
Denkt ihr, der Mensch verweht, um alles dann erneut zu starten?
Was ist es, das entsteht, nach dem Ausmaß uns'rer Taten?

Sei uns ein Tod verdient, der jeden ohne Qual einpackt?
Bleibt Kummer ungesühnt, weil Eden jede Psyche knackt?
Verläuft Hoffnung im Sande, um nie noch einmal aufzutauchen?
Verschlingt die Flut die Lande, auf dass wir tief im Meer ersaufen?

Seht ihr den Sinn an sich – wenn ja, im Selbstbetrug?
Erklärt ihr dieses Gift am Ende noch für klug?
Seht ihr den Sinn an sich – falls nein, wer ist erfreut?
Hat fremdes, fernes Licht denn keinen überzeugt?

Kunstfahrt

Umgeben von Kunst, im Reich der Ideen
Kreativ oder nicht, man wird nie verstehen
Ob sie ist, was man suchte, oder nur scheint
Mit der Zeit, die man buchte, im Kunstwerk vereint?

Der Anspruch im Blickpunkt des einzelnen Geistes
Ist Ausdruck von Reichtum des Inn'ren, so heißt es
Ist Kunst heutzutage nicht wie geschlachtetes Vieh?
Ist sie für ihre Schaffer nicht nur Therapie?

Sie wankt zwischen Hochmut und berufenem Drang
Und tankt all ihr Herzblut vom schier zeitlosen Gang
Wirbt dabei sehr oft um die Gunst der Betrachtung
Doch nur ehrliche Kunst ignoriert die Verachtung

So tauchen wir ein in eine andere Welt
Bewusstsein wird Sein, verdunkelt, erhellt
Getragen von den Wellen der Kunst, die uns verbinden
Doch Vorsicht vor Stromschnellen, in denen wir ertrinken

Der Marsch durch Epochen, die Berg- und Talfahrt
Manch Werke ergreifend, 'mal hart und mal zart
Manch Köpfe gebrochen, der Preis von Genies
Wie ist es bezeichnend – für's Denkparadies

Ein Strudel aus Gebilden, Schriften und Farben
Kann elitär wirken, doch keinen Anspruch haben
Die Pseudoperlen selbsternannter Raritäten
Entsprangen aus Gehirnen, die Dali und Co verschmähten

Über Kunst lässt sich gut streiten, ohne jeden Sinn
Definiert man sie für sich, so ist sie ein Gewinn
Will sie sich aggressiv ausbreiten, stellt sich jene Frage
Ob sie den Zweck erfüllt, in Gestalt von einer Plage

Gibt es Grenzen für das Subjektive?
Die Kunst empfinden – so als ob man schliefe?
Geheuchelt ist die Objektivität als Imperativ
Und Toleranz als Meuchelei sitzt zudem oft tief

Sie lehrt uns Menschen, Ideen zu dechiffrieren
Im Reich der geistigen Ergüsse nicht blind zu respektieren
Dass Kunst nicht jedem Werk entspricht
Und schon auch 'mal ein Traum zerbricht

Trotz allem…

Der Mut zur Kunst wirkt heute absolut immens
Ein harter Kampf im Zeitalter der deutschen Dekadenz
Ein Leben, um zu wirken, ist heute sehr gewagt
Da die Pest des Desinteresses… Klasse rasch abhakt

Gedanken über sie

Neben mir in blau Satin
Liegt sie sanft in tiefem Schlummer
Sie schwirrt durch Träume und noch mehr
Will siegreich sein über ihr'n Kummer

So liebevoll, so zärtlich, klein
Blickt sie ruhig und still zu mir
Mit geschlossenen Äugelein
Ist alles außer uns nur Zier

Ich zieh' den Hut vor ihren Stärken
Nur selten gibt es solche Frauen
Spricht man mit ihr, so wird man's merken
Wie Sympathien sich rasch aufbauen

Gezicke, Neid und Dummgetue
Ist sozusagen fremd für sie
Auch braucht sie keine tausend Schuhe
Noch ist sie gar aus Trend mal bi

Des Öft'ren denkt sie wie ein Mann
Ist dabei dennoch feminin
Und der interessante Part daran
Ist, dass es allen so viel eher dient

So erfrischend, wie sie handelt
Praktisch, sozial, tolerant
Und indem sie keinen Wert verschandelt
Hat sie sehr viel Sinn erkannt

Kurzum: Ein wirklich klasse Weib
Das neben mir von Träumen träumt
Ich danke meiner einst'gen Einsamkeit
Dank ihr hab ich sie nicht versäumt

Ein Bekenntnis

Auf ewig verloren
Am Ende meiner Selbst
Umsonst geboren
Als ob es mir gefällt

Zugrunde gerichtet
Absolut verbraucht
Für nichts geschlichtet
Zum Krüppel gestaucht

Stets panisch in Eile
Oh diese Liebe
Zermürbende Weile
Und tödliche Triebe

Paranoid
Es implodiert
Der Meteorit
Im Geist detoniert

Pausenloses Leiden
Treibt mich voran
Der Kopf von uns beiden
Tötet den Mann

Erstickt in der Last
Inneres Keuchen
Gestrichen die Rast
Verendendes Fleuchen

Im Schatten des Nichts
Nie wieder Hoffnung
Zerstörung des Lichts
Der nichtige Fund

Vergessen heilt…
Ein falscher Schein
Im Kopf geteilt
Wie giftiger Wein

Ich sterbe in mir
Die Zier nach außen
Wie das Getier
Wir, die verlausen

Ich weiß nicht, wer hier schreibt
Möcht' es endlich wissen
Die Ich-Form, die verweilt
Vom Wahnsinn weggerissen

Willst du mich retten?
Oder du?
Mich bloß verstecken
Dann hör mir zu

Ich kann nicht leben
Wie die Masse
Kann nicht vergeben
Keiner Rasse

Ich verachte Stillstand
Provinzielles
Den flachen Weltrand
Dummes Schnelles

In meiner Welt
Lebt man perfekt
Wie sie zerschellt
Wie sie verreckt

Kein einziger Zwang
Von einem Tyrann
Kein einziger Drang
Durch einen Rang

Geniales Denken
Für immer vergebens
Ewiges Kränken
Der Dank für mein Streben

Sinnlose Existenzen
Dominieren die Erde
Meine Referenzen
Verachten die Herde

Im Niedergang werd ich
Auf Parasiten spucken
Der hohle Mob an sich
Wird nur mit Achseln zucken

So seht an meinem Beispiel
Was Leiden bedeutet
In meinem Kopf zu viel
Und alles wird gehäutet

Auf ewig verloren
Am Ende meiner Selbst
Umsonst geboren
Als ob es mir gefällt

Das Todesparfüm

Verführerisch liegt sie unter Dornenblättern
Ein freches Lächeln umgarnt meine Hilflosigkeit
Ihre Macht, Träume zu zerschmettern
Sie ist die Königin, die Königin der Zeit
Man verfällt in ihren unsichtbaren Schleier der Sinne
Blicke erzeugen gewilltes Unterwerfen
Dieses irreversible Gefühl, das ich mehr und mehr gewinne
Lässt meinen Antrieb schärfen
Ihr Gebein im Antlitz des Glanzes
Augen wie die Bräune im tiefsten Meer
Gegebenheiten ihrer Waffen als Ganzes
Unterdrücken einen Verstand unendlich schwer
Angezogen von der Magie ihrer Person
Handeln entartet, wild und ungestüm
Es ist soweit, ein Opfer auflösendes Ozon
Unbezwingbar steht fest... ihr Todesparfüm

Die siegreiche Schlacht

Das Leben genießen, solange es geht
Sich nicht mehr erschießen, Gesundheit besteht
Das Wohl des Fleisches ist gleich mit dem Geist
Und doch, ja ich weiß es, missachtet man's meist
Der Fehler des Hirns, es tut mir so leid
Aus ihm sprechen Trauer, Wut, Hass und Neid

Im Traume geläutert, der Tod stand im Zwang
Die Ruhe gemeutert, die Sucht nach dem Drang
Die Psyche steht Kopf, die Diskrepanz
Sie hält mich am Schopf, ein Seelenkranz
Der Tag nach dem Glück, der Kater vom Traum
Ich irre herum, durchschall' Zeit und Raum

Der Blick auf die Uhr, die Morgenstunde
In mir sitzt der Schwur, eine heftige Wunde
Und siegen werd' ich, eine Frage der Zeit
Ich kämpf' gegen dich, die Vergangenheit
Du trafst mich zu hart, konnt' niemals entrinnen
Doch indem ich hier schreibe, werd' ich gewinnen

Was dir der Spiegel verrät...

Betrachte dein Fleisch
Betrachte dein Leben
Sieh in den Spiegel
Siehst du dich bewegen?

Du bewegst dich hinfort
Bewegst dich schön schleichend
Noch bist du warm
Doch unter Leichen

Blickt dir die Zukunft
Auch strahlend entgegen
Bleibt sie trotzdem
Der Verfall deines Lebens

Die Zeichen des Körpers
Sind Zeichen der Zeit
Verdichten sich stetig
Bist du bereit?

Noch immer der Spiegel
Die Haut, die erschlafft
Dein Blut immer müder
Das Haar, das verblasst

Dein Auge sieht dich
Doch sieht es begrenzt
Es erlischt mit dem Licht
Das dich nicht kennt

Du fühlst den Progress
Und kannst ihn nicht stoppen
Ewiges Nichts
Tot, gar und trocken

Zerschlage den Spiegel
Zerkratze die Augen
Verende am Wissen
Verzweifle am Glauben

Zerstört

Die Mischung des Horrors – Tod und Verrat
Pure Verzweiflung an seinem Grab
Doppelt verlassen – allein mit dem Schmerz
Starben zwei Herzen in jenem März?

Die Mischung des Horrors – Tod und Verrat
Nachdem er das Nichts für immer betrat
Gleich Stichen ins Hirn während des Schmausens
Fehlt jeder Rückhalt? Nur Schein dringt nach außen

Die Mischung des Horrors – Tod und Verrat
Noch während der Trauer die herzlose Tat
Allein gegen alles, die Seele am Ende
Es ist kein Traum, doch wann kommt die Wende?

Zirkelschluss

Nach dreihundert Tagen lagen die Nerven
Dort, wo ihre Gräber weite Schatten werfen
Beklagend, verzagend, den Horror ertragend
Haben die Täter die Mühe erschlagen
Um Nutzen zu heucheln im nutzlosen Brei
Um Zeit zu ermeucheln, der Spuk ist vorbei
Nach dreihundert Tagen liegen die Seelen
Dort, wo Psychosen ihr Dasein verhehlen
Wegrennend, verbrennend, sich selbst nicht mehr kennend
Können die Opfer die Stunden benennen
Die man sich stahl, um zu bestehen
So man befahl, stets weiter zu gehen
In dreihundert Tagen kämpfen die Zellen
An fremd-düster-schaurig und schutzlosen Stellen
Erschrocken, andockend, gleich schmelzenden Flocken
Wird es verboten, den Terror zu blocken
Denn neu muss er schaffen, Täter zu schmieden
Täter, die hassen – und sich dafür lieben

Weltuntergang

Eine Seele schwärzer als die dunkelste Nacht
Und Grauen in mir, das über sie wacht
Ein einstmaliges Leben, ich begehe Verrat
Auf Grund der Vernichtung, die ich seither betrat
Die Rache, der Schmerz, steh'n mir zum Genuss
Die andre Seite gar nur der Weg zum Verdruss
Der Schrecken des Horrors ist keine Fiktion
Überleben im Wahn erste und letzte Mission

Die Inseln im Meer des Blutens geflutet
Das Winseln im Heer des Wütens vermutet
Der Sturm als der Retter ins Tote getrieben
Der Wurm als der Vetter des Menschen geblieben
Verwehende Seelen in der Gunst des Verderbens
Und flehende Kehlen aus dem Dunst des Sterbens
Als die Banner der Zeit verglüh'n sie im All
Sind Zeugen von Leid und schürten Verfall

Das letzte Aufbäumen, das nie eines war
Gehetztes Versäumen sowie die Gefahr
Verheerendes Unglück uns selbst zu verdanken
Bekehrendes Schaustück für Göttergedanken
Die Erde verloren, zur Wüste im Schleichen gesprengt
Die Herde erfroren, die Felder mit Leichen behängt
Das Erlischen bewimmert, Vergessen des Lichts
Ein Verwischen erinnert, gemessen am Nichts

Die Nihilismus-Party
Eine Achterbahnfahrt im Licht des Nichts

von Philipp Anton Mende

1. Aufl. 2015
3. komplett überarbeite Aufl. 2018,
agenda Verlag,
454 Seiten,
Taschenbuch, € 24,90

ISBN: 978-3-89688-623-1

Vom Nihilismus zum Postnihilismus.

Mit diesem Buch soll der wahnwitzige Versuch unternommen werden, einen Begriff samt dahinterstehender Philosophie zu rehabilitieren, welcher in Menschen beinahe ausschließlich negative und destruktive Assoziationen hervorruft. Ein Begriff, der sowohl in fachspezifisch-philosophischen als auch allgemein-gesellschaftlichen Kreisen am häufigsten missverstanden und diskreditiert wird. Die Rede ist vom Nihilismus.

Wir Menschen sind bewundernswerte Geschöpfe. Jeden Tag bieten wir der Sinnlosigkeit des Ganzen respektive einem kollektiven Schicksal die Stirn. Wissentlich oder unwissentlich. Mit welchen Sinn- sowie Unsinnskonstrukten wir uns präventiv vor dem Hintergrund von Tod und Unendlichkeit narkotisieren, wie uns der Wettlauf mit unserem eigenen Verfall zu sowohl konstruktiven als auch destruktiven Meisterleistungen verleitet und warum der Nihilismus nicht das böse Ungeheuer darstellt, für das er in der Regel gehalten wird, davon handelt dieses Buch.

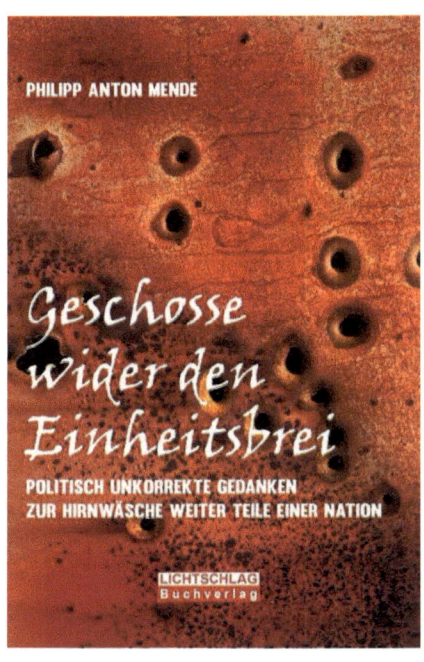

Geschosse wider den Einheitsbrei
Politisch unkorrekte Gedanken zur Hirnwäsche weiter Teile einer Nation

von Philipp Anton Mende

1. Aufl. 2016,
2. erweiterte Aufl. 2017,
Lichtschlag-Buchverlag,
476 Seiten,
Taschenbuch, € 24,90,
E-Book, € 9,99

ISBN: 978-3-939562-65-8

»Wie trennt ihr Kirche und Staat, wenn der Staat eure Kirche ist?«, fragt der Autor die mittlerweile vollends zu staatshörigen Lemmingen herangezüchteten Bürger Deutschlands in diesem Buch. Galt einstmals die Aufklärung über knapp 150 Jahre zumindest teilweise als Akt der Besinnung und Vernunft, so entlarvt Philipp Anton Mende die gegenwärtige Entwicklung als eher rückläufig und führt in diesem Zusammenhang den Gegenbegriff der Entklärung ein.

Genießen Sie ein Werk, dessen enthaltene Positionen und messerscharfe Überlegungen dem aktuell und in rationaler Hinsicht vollständig aus dem Ruder laufenden Zeitgeist so massiv widersprechen, dass es vom Großteil hirngewaschener Gutbürger nur als ungeheuerlich bis empörend eingestuft werden kann.